A RIVER RUNS THROUGH IT

A RIVER RUNS THROUGH IT

SCREEN 스크린영어사

머리말

영어공부에 가장 좋은 교재인 영화, 어떻게 활용하면 좋은가?

영어공부의 지름길은 lots of exposure, 즉 많이 접하는 것입니다. 많이 접하는 것 중에 비디오교재만큼 좋은 것은 없습니다. 청취위주 테이프를 30분 이상 계속 집중해서 듣기는 힘들어도 영화는 2시간 동안 계속 볼 수 있기 때문입니다. 영어공부에서 가장 큰 장애는 사과=apple, house=집, 처럼 단어나 문장을 한국어로 대치해서 해석하려는 오류일 것입니다. 영어와 한국어는 별개의 언어이므로 말을 바꾸는 것이 아니라 "생각"을 그 언어로 표현해야 합니다. 언어의 표현법과 언어습관, 문화가 다르기 때문에 어떤 상황에서 어떤 말을 하는지 "통째로" 익히는 훈련이 바람직하다고 생각됩니다.

영화를 활용한 영어공부는 위의 문제를 동시에 보충해주는 가장 좋은 방법입니다. 상황 속에서 그들의 언어를 통합적으로 배울 수 있으며 또한 화면을 통해 그들의 문화를 저절로 접하게 되기 때문입니다. 게다가 감동적인 영화는 여러 번 보아도 즐겁고, 계속 많은 것을 얻기 때문에 반복학습의 장점을 최대화할 수 있습니다. 그리고 본인에게 감동적인 대사들은 쉽게 잊혀지지 않는다는 이점도 있습니다. 오늘날 영화의 영향력은 대단합니다. 그러나 흥미위주의 영화나 액션물을 선호하다보면 정작 우리가 필요한 표준어보다는 엉뚱한 (그리고 때로는 좋지 않는) 표현들에 익숙해집니다. "오늘은 참 힘든 하루였어"를 영어로 표현해보라고 하자 한 학생이 너무나 자연스럽게 "Oh, sh...."라는 좋지 않은, 그리고 엉뚱한 답을 한 사실이 이를 단적으로 증명해줍니다. 그러기에 영화감상의 길잡이가 필요하다는 것을 느끼게 되었습니다.

마지막으로 영어는 절대 단시일에 습득되는 게 아닙니다. 그렇기에 더더욱 좋은 영화(내용뿐 아니라 언어에 있어서)를 감상하는 눈을 키우는 일은 일생동안 영화를 보는 즐거움과 함께 영어를 가까이 할 수 있는 일석이조의 효과를 가져올 것입니다.

흐르는 강물처럼

〈흐르는 강물처럼〉은 미국 시카고대학 교수였던 노먼 맥클레인의 자전적 소설, *A River Runs Through It*를 영화화한 작품으로 미국뿐 아니라 한국에서도 가장 사랑 받는 영화중 하나이며, 각 학교의 영어영문학과에서 소설의 보조 교재로도 이용하는 인기 높은 작품입니다.

영화의 내용 뿐 아니라 화면 가득히 다가오는 사연의 아름다움과 루슬로(Philippe Rousselot)가 절묘하게 카메라로 영상화한 플라이 낚시장면, 간간이 흐르는 1930년대의 재즈음악은 이 영화를 영원히 기억될 명화로, 다시 보고 싶은 명화로, 누구에게나 추천하고 싶은 영화로 만들고 있습니다. 주인공 노먼 역의 크레이그 셰퍼(Craig Sheffer)의 내면을 표현하는 표정 연기 뿐 아니라, 감독 로버트 레드포드의 청년기를 떠오르게 하는 데뷔 초기의 브레드 피트(Brad Pitt)의 반항적이면서도 유순하고, 명랑하면서도 고독한 "폴"을 감상하는 것도 즐거움 중의 하나일 것입니다. 특히 이 영화 속의 영어는 거친 언어가 거의 없어서 교재용으로 가장 적합한 영화중 하나이며, 레드포드가 직접 맡은 보이스 오버 나래이션의 내용은 대사와는 또 달리 소설을 읽는 효과를 줌으로써 대화만으로 된 영화에 추가로 낭송되는 영상소설을 공부하는 혜택까지 누리게 하고 있습니다.

본 역/저서는 멀티미디어 시대에 부응하는 영어공부의 필수교재인 영화를 이용한 교재개발을 위한 것입니다. 오랜 동안 학교에서 강의하면서 영화와 연결된 교재의 선정에 늘 어려움이 있었습니다. 특히 영화는 학생들이 좋아하는 종류와 교재로서의 적합성 여부가 신중히 고려되어야 하며, 영화감상에 대한 지도가 따라야 함을 영화와 문학학회에서 활동하는 교수들이 절실히 느끼고 있습니다. 이 책은 대사, 상세한 지문의 삽입, 번역, 그리고 영어공부를 위한 주석뿐 아니라 영화감상에 필요한 여러 상식과 정보를 담고 있습니다. 〈이것만은 꼭〉에는 그 장면에 나오는 짧고도 실용적인 영어표현을 강조해서 넣어두었습니다. 장면과 함께 기억함으로써 더욱 암기 효과를 높일 수 있도록 되도록 영화에 나오는 표현법을 그대로 사용하였습니다.

외국에서는 초등학교에서도 이미 TV를 시청할 때 어떻게 그 영상매체를 제대로 수용하는 비판력을 기르는가 가르치고 있으며 글을 읽지 못하는 문맹처럼 미디어 읽기 능력/문맹(media literacy/illiteracy)의 중요성이 부각된 지 오래 되었습니다.

이 책의 가장 큰 특색은 영화감상문인 〈관람석에서〉를 첨부하고 있다는 점입니다. 영화에 대한 "한가지" 읽기 방법이라는 것을 강조하면서, 그리고 영화에

대한 무한한 해석의 가능성을 축소시키리라는 위험성과 죄스러움을 감수하면
서도 수년간 강단에서 느낀 절실한 필요성에 의해 이 감상문을 넣게 되었습니
다. 이것은 독자들에게 영화를 이해하는 길잡이가 되게 함으로써 궁극적으로
는 언어가 거친 액션물을 선호하는 학생들에게 높은 수준의, 질 높은 언어(영
어)로 이루어진 다른 여러 영화들을 선정하여 계속 감상하도록 관심을 환기시
키고 유도하는 효과를 창출할 수 있으리라 기대하기 때문입니다.

　이런 좋은 영화를 통해 영화와 문학을 사랑하는 이름 모를 많은 분들과 만나
게 해주신 스크린영어사의 조치영 사장님께 깊은 감사를 드리며, 항상 좋은 책
을 내고자 애쓰시는 사장님의 사명감과 순수한 열정에 존경을 보냅니다. 그리
고 이 가난한 시대에도 아직은 인생에서 "예술에 이르는 끝없는 도전"이 가치
있다고 여기는 많은 분들과, 한번도 똑같은 물결인 적이 없는 "흐름" 앞에 나약
한 작은 인간으로 서서 한결같은 인내와 희망과 겸손함과 훈련된 절제력으로
그리고 더 나아가서는 예술가적 직관으로 예측불허인 고기와의 해후를, 인생
의 수수께끼의 답을 만나기를 기다리는 많은 "낚시꾼"들에게 사랑과 감사를 표
하고 싶습니다.

　마지막으로 책이 나오는데 도움을 주신 분들, 특히 나사렛대학교의 Linda
Bondy 교수님, Catherine Ellingson 교수님, 그리고 Gail Patch 교수님께
감사를 드립니다. 그리고 사랑하는 애린이와 나의 사랑하는 제자에게 그들이
없다면 내가 살아가는 보람이 없을 것임을 고백하고 싶습니다. 또한 영원한 나
의 후원자이며 내 생명이신 그 분께 조용히 감사드립니다.

CONTENTS

Norman Maclean

노먼 맥클레인(1902-1990)

"인생을 살다가 자기자신을 가장 잘 알게 되는 때는 자신에 대해 무언가 이야기하고 있는 글을 발견할 때이다." 그래서 노먼 맥클레인은 그 자신과 가족의 이야기를 썼다. 영화 〈흐르는 강물처럼(*A River Runs Through It*)〉은 나래이터의 독백으로 시작된다: "옛날 내가 어렸을 때 부친께서 말씀하셨다. '노먼, 넌 글쓰기를 좋아하지.... 언젠가 네가 준비가 되거든 우리 가족 이야기를 써보거라. 그때야만 우리가 겪은 일이 무엇인지 그리고 왜 그런 일이 일어났는지 알게 될 거야.'" 이 영화는 맥클레인의 동명소설을 영화화한 것이다.

노먼 맥클레인은 1902년 12월 23일 아이오와주의 클래린다에서 태어났다. 1909년, 그의 가족은 몬타나주의 미줄라로 이주했고, 그곳에서 그는 동생 폴과 함께 성장했다. 1913년까지 그와 동생은 공립학교를 다니는 대신 스코트랜드출신의 장로교회 목사인 아버지로부터 직접 교육을 받았다. 후에 그는 이 경험을 소설, "The Woods, Books, and Truant Officers"에 썼고 *A River Runs Through It* 에서도 간략하게 다루고 있다. 젊은 시절 맥클레인은 벌목장에서 미산림청 종사원으로 일했다. 이때의 경험은 「청년과 화재(*Young Men and Fire*)」라는 소설집 속의 "USFS 1919:

The Ranger, the Cook, and a Hole in the Sky" 와 "Black Ghost"
의 소재가 되었다. 1924년 다트머스에서 학사학위를 받고 그곳에서 1926
년까지 강사로 재직했는데, " '이번 학기에 나는 맥킨교수 강의를 듣고있어
요' : 가르치는 기술에 대한 몇가지 고찰" ('This Quarter I'm Taking
McKean' : A Few Remarks on the Art of Teaching)에서 그때를 회
상하고 있다.

1928년에 시카고대학의 영문학 석사 과정에 들어가서 3년 후에 그 대학
의 전임강사로 발탁된다. 그 후 탁월한 학부 강의를 인정받은 교수에게 주
는 상을 세 번이나 받았다. 맥클레인은 헬레나 출신의 스코틀랜드와 아일랜
드의 혼혈계인 빨간머리 제시 번즈와 결혼하여 두 명의 자녀를 두었는데
1942년에 태어난 딸 진(Jean)은 현재 변호사로, 1943년에 태어난 아들 죤
(John)은 저널리스트로 활동중이다. 1940년, 맥클레인은 시카고대학에서
박사학위를 받았다. 셰익스피어 학자이며 낭만시 학자인 그는 1973년 은퇴
할 때까지 시카고 대학교의 영문학과 교수로 봉직했다. 은퇴 후 그는 자녀
들의 격려를 받아 말하고 싶었던 이야기들을 글로 쓰기 시작했다. 그의 가
장 칭송 받는 작품인 「소설집: 흐르는 강물처럼(A River Runs Through
It and Other Stories)」은 1976년에 출판되었는데, 이는 시카고대학 출
판사가 출판한 첫 소설이기도 하다. "청년과 화재(Young Men and Fire)"
라는 이야기로 끝을 맺는 맥클레인의 소설들은 바로 그 자신의 이야기를 말
하고 있다. 남성다운 강인함을 미덕으로 살아간 삶, 실감나게 묘사된 캐릭
터가 바로 노먼 그 자신의 모습이었다. 작가 노먼 맥클레인은 1990년 8월
2일 시카고에서 86세의 일기로 세상을 떠났다.

(인용 및 참고: URL: http://www.baylor.edu/~Julia_Lunsford/

Last revised:October 17, 1996)

A river runs. A voice over narration, while an old man is threading and tying the fishing fly. His hands shake.

NARRATOR: Long ago, when I was a young man, my father said to me "Norman, you like to write stories." and I said, "yes, I do," then he said, "someday when you're ready you might tell our family story. Only then will you understand what happened and why."

Credit over the faded black-n-white photos of the old times.

NARRATOR: In our family there was no clear line between religion and fly-fishing. We lived at the junction of great trout rivers in Missoula, Montana, where Indians still appeared out of the wilderness to walk the honky-tonks and brothels of Front Street.

강물이 흐른다. 한 노인이 떨리는 손으로 낚시 줄을 꿰고 있다.

나래이터 : 옛날 내가 어렸을 때 부친께서 말씀하셨다. "노먼, 넌 글쓰기를 좋아하지." 내가 그렇다고 대답하자 아버지는 말씀하시길 "언젠가 네가 준비가 되거든 우리 가족 이야기를 쓸 수 있겠지. 그때야 우리가 겪은 일이 무엇인지 그리고 왜 그런 일이 일어났는지 알게 될 거야"하셨다.

크레딧이 나오는 동안 빛 바랜 옛날 흑백 사진들이 하나씩 화면에 비쳐진다. 크레딧에 이어 나래이션.

나래이터 : 우리 가족에게는 뽕교와 플리이 낚시 사이에 명확한 구분이 없었다. 우리는 몬디나 주 미줄라의 송어서식지인 큰 강의 합류지점에 살았었다. 거기는 아직도 인디언들이 술집이나 프런트가의 싸구려 술집에 가려고 숲 속에서 나오는 곳이었다.

■ when you're ready
준비되거든(prepared), ~하고 싶을 때.

■ Only then will you understand.
그 때서야 이해하게 될 것이다.
Only then을 앞으로 놓았으므로 동사를 도치해서 써야한다. (will you...) (강조 하고자 하는 어구를 글머리에 가져올 때 술어 동사가 도치 된다.)
* Such *was* the case.
* Never *did* I *dream* such a wonderful result.
(그렇게 멋지게 끝날 줄은〈멋진 결과를 가져올 지는〉 상상도 못했어.)

■ no clear line between A and B
A와 B 사이에 구분 (경계선)이 없다.

■ honkey-tonks
싸구려 술집

♠ *INT. CHURCH*

NARRATOR: My father was a Presbyterian minister and a fly-fisherman. *(Father's voice heard over narrator.)* **And though it was true that one day a week was given over wholly to religion, even then, he told us about Christ's disciples being fishermen. And we were left to assume, as my younger brother Paul and I did,** *(Pan of church congregation. Camera stops on woman and two boys. The younger boy leans on his mother.)* **that all first-class fishermen on the Sea of Galilee were fly-fishermen and that John, the favorite, was a dry-fly fisherman.**

Pastor Maclean is giving a sermon to the congregation at the church. He stands and speaks directly.

REV. MACLEAN: The poor without Christ are of all men, the most miserable. But the poor with Christ are princes and kings of the earth.

♠ *EXT. WOODS*
The pastor and his boys walk along the path of the Big Blackfoot.

NARRATOR: In the afternoon, we would walk with him while he unwound between services. He almost always chose a path along the Big Blackfoot, which we considered our family river. *(The pastor points at the river and kneels down on one knee.)* **And it was there he felt his soul restored and his imagination stirred.**

나래이터: 아버지는 장로교 목사이자 플라이 낚시꾼이셨다.
(아버지의 설교소리가 나래이터의 목소리 뒤로 작게
들려온다.) 부친은 일주일의 하루는 종교에 봉헌
했지만, 그 날조차도 예수님의 제자들이 어부였
다는 사실을 말씀하셨다. 그래서 당연히 나와
내 동생 폴처럼 (교회 회중을 팬으로 비춘다. 카메라
가 여자와 두 아들에게 멈추고 동생이 엄마에게 기대
는 모습이 보인다.) 교인들은 갈리리 최고의 어부
들이 플라이 낚시꾼이었으며, 가장 사랑받던 제
자 요한은 드라이 플라이 낚시꾼이었을 거라고
믿게 되었다.

맥클레인 목사가 설교하는 모습을 정면으로 보여줌.

맥클레인 목사: 예수님이 없는 가난한 사람들은 이세상에
서 가장 불행한자들이지만 예수님과 함께 하는
가난한 사람들은 지상의 왕자요 왕입니다.

목사와 두 아들이 블랙풋 강을 따라 산책을 하고 있다.

나래이터: 우리는 예배 중간 오후시간에 부친과 산책을 하
곤 했다. 아버지는 늘 블랙풋 강으로 가는 길을
택하곤 하셨다. 그 강을 우리는 가족 소유라고
생각했다. (목사가 강을 가르키며 앉는다.) 그리고
부친이 지신의 영혼이 회복됨을 느끼던 곳, 그
의 상상력이 자극을 받았던 곳도 바로 그 강가
에서였다.

■ **Presbyterian**
장로교파의 (개신교의 여러 교파
중 하나. 비교적 정통교리를 존중
하는 보수교파)
cf) Presbyterian Church

■ **Christ's disciples**
예수님의 12제자들

■ **the poor, the most miserable**
the + 형용사= 복수명사

■ **service**
예배

■ **the Big Blackfoot**
큰 검은 발 강. 인디언들이 부르던
강 이름을 그대로 영어로 번역했
기 때문에 이런 이름이 붙은 것.

■ **consider**
A를 B로 간주하다, 생각하다.
* Consider how our reactions
affect our friends and family.
(우리의 태도가 친구와 가족에게
어떤 영향을 줄지 생각해보십시
오.)

■ **would**
~하곤 했다.
We would walk with him.
= We used to take a walk with
him
(산책을 하곤 했다.)

He picks up a rock and holds it in both hands.

REV. MACLEAN : Long ago, rain fell on mud and became rock *(He turns and speaks to the boys holding the rock in one hand)* **half a billion years ago. But even before that,** *(He puts the rock down and brings his right hand to his chin in contemplation. The boys stand listening to their father.)* **beneath the rocks are the Words of God. Listen.**

The boys bend down and try to listen to the earth.

NARRATOR: And if Paul and I listened very carefully all our lives, we might hear those words.

Camera pans to the river as it runs by.

♠ *EXT. PASTOR'S HOUSE*
The scene changes to a white house as the voice even continues.

NARRATOR: Even so, Paul and I probably received as many hours of instruction in fly-fishing as we did in all other spiritual matters.

The father stands in the middle of the two sitting boys. He instructs them on the techniques of fly-fishing.

NARRATOR: As a Presbyterian, my father believed that man by nature, was a damned mess *(close-up of father putting on a leather glove)* **and that only by picking up God's rhythms were we able to regain power and beauty.** *(Close-up of boys' faces)*

목사는 작은 바위돌을 두손으로 집어든다.

맥클레인 목사: 아주 옛날 5억년 전에 진흙에 비가 내려서 바위가 되었단다. (한손으로 돌을 든 채 아들들에게 말한다.) 그러나 그보다 더 이전에 (돌을 내려 놓고 한손을 턱에 대고 생각에 잠긴다. 아이들은 곁에 서서 부친의 말을 듣고 있다.) **그 바위 밑에 주님의 말씀이 계셨지. 들어봐라.**

두 아들은 몸을 굽혀 땅에서 들리는 말씀을 들어보려고 한다.

나래이터: 그리고 나와 폴이 평생 주의 깊게 그 소리에 귀기울이었다면 우리는 아마 그 말씀을 들었을 것이다.

카메라 팬이 흐르는 강물을 따라 비춘다.

♠ **외부. 목사관**
나래이션이 계속되는 동안 장면이 하얀색 목사관으로 바뀐다.

나래이터: 주중에 폴과 나는 영적인 설교 듣는 시간만큼 플라이 낚시에 대한 설교를 들었던 것 같다.

아버지가 앉아 있는 두 아들 곁에 서서 플라이 낚시 법을 가르쳐 주고 있다.

나래이터: 장로교도인 아버지는 인간이 본래 실수투성이의 불완전한 존재이며 (가죽장갑을 끼는 부친 모습이 클로즈업 된다.) 오직 신의 리듬을 익힘으로써 힘과 아름다움을 회복한다고 믿으셨다. (아들들의 모습이 클로즈업 된다.)

■ **all our lives**
일생동안 (all my life).

■ **receive instruction in**
~에 관한 교습을 받다. 여기서는 설교를 받다로 해석하면 더 자연스럽다.

■ **as many hours as~**
~만큼 많은 시간을.

■ **pick up**
익히다.

■ **by nature**
선천적으로, 태어나면서부터; 본질적으로, 본래
* He is endowed by nature for a musician.
(그는 선천적으로 음악기의 소진이 있다.)

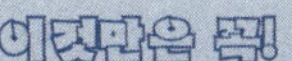

인간은 천성이 이기적으로 행동하게 되어있다.
By nature, it is easy to react selfishly.

Close-up of father. He is casting the rod and saying 10 and 2. These are the clock positions that the rod should be at. He uses a rhythm motion.

NARRATOR: **To him, all good things, trout as well as eternal salvation, come by grace and grace comes by art and art does not come easy.**

The father hands the rod to Norman.

NARRATOR: **So my brother and I learned to cast Presbyterian style—on a metronome.** *(Close-up of metronome. The father takes the metronome and places it on the fence post. The father stands at Norman's side and claps the beat. Norman practices casting. Paul sits in the grass to the side.)* **He began each session with the same instruction: casting is an art that is performed on a four-count rhythm between 10:00 and 2:00.**

♠ *EXT. RIVERSIDE*
Father and son stand at end of the dock. Father squats down.

NARRATOR: **If he had had his way, nobody who did not know how to catch a fish would be allowed to disgrace a fish by catching it.**

♠ *INT. PASTOR'S HOUSE*
Norman walks down the steps with paper in hand. He slows and walks into his father's office. He stands in front of the desk. The father looks up from his papers. He takes the paper from the boy. Takes a red pencil and begins marking it. Norman stands before him nervously biting his lower lip. Father gives the paper back to Norman.

아버지의 모습을 카메라가 클로즈업으로 잡는다. 아버지는 시계방향 10시와 2시를 말하면서 그 사이로 리듬 같은 동작을 하면서 낚싯대를 던진다.

나래이터: 부친에게는 구원뿐 아니라 송어 같은 미물까지도 모든 선한 것은 은총을 통해 얻어지는 것이며 은총은 예술을 통해 얻어지고 예술은 그리 쉽게 얻어지는 것이 아니었다.

아버지는 노먼에게 낚싯대를 건네준다.

나래이터: 그래서 나와 동생은 장로교 방식의 낚시 던지기를 익혔다. −메트로놈에 맞춰서. (메트로놈을 클로즈업해서 보여준다. 아버지는 메트로놈을 울타리 위에 올려놓는다. 아버지는 노먼 곁에서 박자를 맞추고 노먼은 줄 던지는 연습을 한다. 동생 폴은 잔디에 앉아 바라본다.) 부친은 매번 연습 때마다 똑같은 강의로 시작하셨다. "낚싯줄을 던지는 것은 10시와 2시 사이에 4박자로 행하는 하나의 예술이다."

♠ 외부. 강가
아버지와 아들이 강가에 앉아있다. 아버지는 쪼그리고 앉아있다.

나래이터: 아버지의 말씀대로라면 낚시 법을 모르는 사람이 낚시를 함으로써 고기를 모독하는 것은 용납될 수 없었다.

♠ 내부. 집안. 목사관
노먼이 손에 종이−작문원고−를 들고 2층에서 내려오고 있다. 아버지의 서재로 천천히 들어가서 책상 앞에 선다. 아버지는 읽던 글 너머로 아들을 바라본다. 아들의 종이를 받아서 붉은 펜으로 고쳐준다. 노먼이 긴장을 해서 아랫입술을 깨물면서 서 있다. 아버지가 아들에게 작문원고를 돌려준다.

■ cast
던지다.
* Casting the feelings of shame away, let God use your talents.
(수치심을 벗어 던지고 하나님께서 너의 재능을 쓰시도록 하라.)

■ nobody would be allowed to~
누구라도 ~하는 것이 용납될 수 없다.

■ disgrace a fish by catching it
(낚시를 모르는 사람이) 고기를 잡는 것은 고기에 대한 모독이다.

■ as well as
trout as well as salvation= not only salvation but also trout
B as well as A
= not only A but also B
A 뿐 아니라 B 도. 이때 B에 의미상의 중점이 있으며 이를 주어로 하는 술어동사는 B에 일치한다.

NARRATOR   : So it was with my formal education as well. Each weekday, while my father worked on his Sunday sermon, I attended the school of the Reverend Maclean. He taught nothing but reading and writing and, being a Scot, believed that the art of writing lay in thrift.

REV. MACLEAN: Half as long.

Norman sits at desk and begins rewriting.

NARRATOR   : So while my friends spent their days at Missoula Elementary, I stayed home and learned to write the American language.

Norman stands before his father again. Father again marks on paper.

REV. MACLEAN: Again... half as long.

The father hands the paper back to Norman. Norman back at desk. He puts his hand to his head in frustration. Norman gives his father the paper again. Father takes it and reads it. Paul comes down the stairs. Father hands it back to Norman.

REV. MACLEAN: Good. Now throw it away.

Norman crumples up the paper and throws it into the trash can. He runs out of the room into the hallway. Close-up of fly-fishing basket. Norman grabs it and the rod and runs into the yard.

MRS. MACLEAN: *(opens kitchen window and yells)* Norman! Norman! Wait for your brother.

Norman stops and waits for Paul. The two run together.

나래이터　　　　: 공식적인 교육도 늘 그런 식이었다. 주중에 부친께서 주일설교를 준비하시는 동안 나는 맥클레인 목사의 학교에 등교했다. 부친은 읽기와 쓰기만을 가르쳐주셨다. 스코트랜드 사람인 아버지는 글쓰기의 예술은 간결함에 있다고 믿으셨다.

맥클레인 목사: 반으로 요약하거라.

노먼은 책상에 앉아 다시 쓰기 시작한다.

나래이터　　　　: 결국 친구들이 미줄라 초등학교에서 하루를 보내는 동안 나는 집에서 영어로 글쓰는 법을 배웠다.

노먼이 다시 아버지 앞에 서 있고 목사는 작문을 체크해준다.

맥클레인 목사: 다시... 반으로 요약하거라.

아버지는 노먼에게 작문을 돌려준다. 노먼은 다시 자기책상으로 돌아와 앉는다. 좌절해서 머리를 손으로 감싸는 노먼. 다시 고쳐 쓴 작문을 아버지에게 드리고 목사는 읽는다. 그 사이 폴은 층계에 앉아 기다리고 있다. 아버지가 작문을 노먼에게 돌려준다

맥클레인 목사: 잘 했다. 이젠 버려라.

노먼은 종이를 구겨 휴지통에 던진다. 재빨리 방을 뛰어나간다. 복도에 놓여진 낚시 바구니가 클로즈업된다. 노먼은 낚시 도구를 집어들고 밖으로 뛰어 나간다.

맥클레인 부인: (부엌창문을 열고 소리지른다.) 노먼!
　　　　　　　노먼! 동생하고 같이 가야지.

노먼은 멈춰서 폴을 기다린다. 두 형제가 함께 뛰어 간다.

■ Reverend
성직자의 이름 앞에 붙여쓰는 경칭.

■ Scot
스코트랜드인.
스코틀랜드에서는 Scotchman보다 Scot나 Scotsman, Scottish를 흔히 씀.

■ lie in
~에 있다. (lie-lay-lain)

■ throw away
버리다.

■ but
no one, nobody, none, nothing, all, every one, who 등의 의문사 등 뒤에서 ~을 제외하고(except)의 뜻.
* Nobody but she knew it.
(그녀 외에는 아무도 몰랐다.)
(Only she knew it.)
* All but John are present.
(죤 외에는 모두가 참석했다.)

■ nothing but
= only(오직)
* My father thought that nothing but the truth of God's love and grace will matter in our lives.
(부친은 오직 하나님의 사랑과 은혜만이 우리의 삶에서 중요한 것이라고 생각하셨다.)

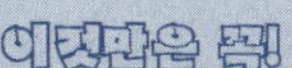

그는 읽고 쓰는 것만 가르쳐주셨다.

He taught nothing but reading and writing.

♠ *EXT. RIVER*

NARRATOR: However, there was a balance to my father's system. Every afternoon I was set free untutored and untouched till supper to learn on my own the natural side of God's order.

Boys wade in the stream. The two boys stand on the rocks casting and reeling their rods. Paul gets his line stuck in the bushes behind him. He turns to Norman.
Birds eye view of scenery of Montana.

NARRATOR: And there could be no better place to learn than the Montana of my youth. It was a world with dew still on it more touched by wonder and possibility than any I have since known.

The two boys run through the field. Norman jumps off a rock and Paul follows. The two stand on the bank of the river and throw rocks into it. The boys stand in the river, casting and reeling.

♠ *EXT. STREET*
Horn honking. Children run across the street, jump on wagon. Run up to old man pounding on the door.

MAN   : Goddamn it, Open up the door!

The boys pull down his pants, giggle, and run away.

MAN   : What the hell is going on?

♠ *EXT. IN FRONT OF THE BROTHEL*
Paul and Norman peek around the corner to look at prostitutes standing on the balcony and stairs of the brothel.

♠ 외부. 강

나래이터 : 하지만 부친의 방식에도 균형은 있었다. 언제나 오후에는 자유시간이었던 것이다. 저녁식사 때까지 강의도 간섭도 없이 자유를 주시고는 자연 속에 나타난 신의 질서를 스스로 배우게 하셨다.

폴과 노먼은 물 가운데로 걸어가 바위에 서서 낚싯줄을 던진다. 폴은 뒤에 있는 나무에 낚싯줄이 걸리자 노먼을 쳐다본다.
카메라 팬이 산과 강, 자연 풍경을 조망해서 보여준다.

나래이터 : 그리고 그것을 배우는데는 내 어린시절의 몬타나 만큼 좋은 곳은 없었다. 그곳은 아직도 이슬을 머금고 있는 세계이며 내가 지금까지 본 그 어떤 곳보다 경이로움과 가능성으로 가득 찬 곳이었다.

형제는 초원 위를 달린다. 노먼이 바위를 뛰어넘고 폴도 따라한다. 두 형제가 강가에 서서 돌을 던진다. 다음, 강 한가운데서 낚싯줄을 던지는 두 형제의 모습이 비쳐진다.

♠ 외부. 길거리
자동차 경적소리. 노먼과 폴이 길을 뛰어 건너가 지나가는 마차 뒤에 올라탄다. 그리고는 길가에서 문을 두드리는 노인에게로 다가간다.

남 자 : 젠장, 문열어!

두 형제는 노인의 바지를 끌어내리고 키득거리며 도망간다.

남 자 : 대체 뭐하는 짓이야!

♠ 외부. 사창가
두 형제가 길모퉁이에 숨어 발코니와 계단에 나와 있는 여자들을 엿본다.

■ be set free
자유로운 상태가 되다.

■ on my own
on one's own. 스스로, 혼자 힘으로.

■ the Montana of my youth
내 어린 시절의 그 몬타나.

■ no better ~ than
= (no+비교급+than) 더 좋은 것이 없다는 의미로 최상급을 나타냄.
* Yujin is the smartest girl in the class. = No other girl in the class is smarter than Yujin.
* Nothing would please him more than that his son should pass the examination.
(그에게 아들이 시험에 합격하는 것보다 더 기쁜 일은 없을 것이다.)

■ What (the hell) is going on?
= What (on earth) is going on?
(도대체)무슨 일 입니까?!

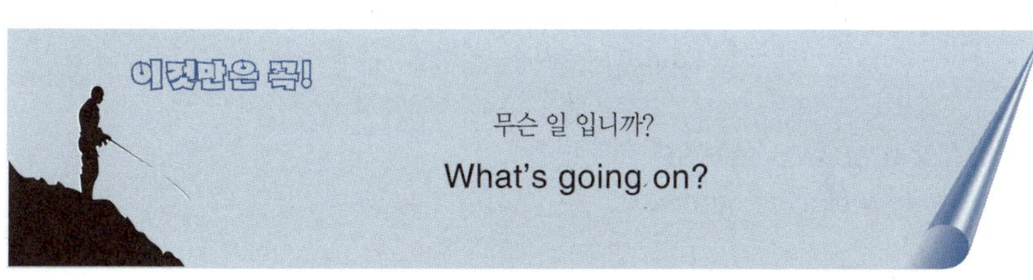

NORMAN   : *(to Paul who stands too close to him)* Come on. Move
              out of the way.

*Paul runs out and shakes his hips at the women with his hands behind
his head. Women laughing and shouting. Norman grabs Paul and pulls
him away. The boys run away.*

Ragtime music playing.

Women hooting.

♠ *EXT. NEW SCENE. STREET*
There is a street fight, and Paul and Norman watch.

NARRATOR : But it was a tough world too. Even as children,
           we understood that and admired it. *(Boys run
           toward the grain mill.)* And of course, we had to test
           it. *(Norman is fighting another boy. He has a bloody nose
           and punches the boy.)* I knew I was tough because I
           had been bloodied in battle.
PAUL   : Get him, get him! Don't be a sissy. Come on.

*The boy punches Norman. Paul attacks the boy to help his brother. All the
boys are trying to pull Paul away.*

NARRATOR : Paul was different. His toughness came from
           some secret place inside of him. He simply knew
           he was tougher than anyone alive. *(Two boys
           restrain Paul.)*

♠ *INT. MACLEAN'S HOUSE*
Close-up in a bowl of oatmeal.

노　먼 : (자기 뒤에 가까이 붙어있는 동생에게) **야! 좀 떨어져.**

폴이 여자들 앞으로 뛰어나가 손을 머리 뒤로 얹고는 엉덩이를 흔들며 춤을 춘다. 여자들이 소리를 지르며 웃는다. 노먼이 폴을 잡아끌고, 둘은 도망친다.

재즈음악 소리.

여자들의 야유소리.

♠ 외부. 또 다른 거리
남자들이 싸우고 있고 그것을 폴과 노먼이 구경하고 있다.

나래이터 : 그러나 그곳은 거친 세상이기도 했다. 어린 나이일 때조차 우린 그걸 알았고 동경하였다. (아이들 방앗간 쪽으로 뛰어간다.) 그리고 당연히 우리는 그걸 시험해야 했다. (노먼이 다른 소년과 싸우고 있다. 코피가 난 채로 다른 소년을 주먹으로 치고 있다.) 나는 싸움에서 피를 흘려봤기 때문에 내가 강하다는 것을 알았다.

폴　　 : 때려 눕혀, 때려 눕혀, 계집애처럼 굴지 말라구.

남자아이가 노먼을 주먹으로 때리자 폴이 형을 편들어 그 아이를 공격한다. 다른 아이들이 모두 달려들어 폴을 말린다.

나래이터 : 하지만 폴은 달랐다. 폴의 강함은 그의 내부의 비밀스런 곳에서부터 나오는 강인함이었다. 그는 자신이 그 누구보다도 강하다는 것을 자연스럽게 알고 있었다 (두 아이가 폴을 붙잡고 있다.)

♠ 내부. 맥클레인 목사 집. 식당
클로즈업된 오트밀 죽 그릇

■ come on
보통 구어체 명령문에서 독촉이나 간청, 설득, 격려, 도전, 주의 환기에 쓰인다.

■ get him
get~ : ~를 때리다.
~에게 부상을 입히다.

■ sissy
여자같은 소년을 말한다.

■ Don't be a sissy.
계집애처럼 굴지마.
(상대방의 행동이 마음에 안 들어)
'~처럼 굴지마, 행동하지마' 하고 말할 때 Don't be a~을 사용한다.
* Don't be a fool.
(바보처럼 굴지마.)
* Don't be a child.
(어린애처럼 굴지마.)

■ Paul was different.
폴은 달랐다.
무언가 특별하다, 남과 다르다는 말을 할때 쓰는 표현.
* Why do you love her? Is she beautiful?
(왜 그녀를 좋아해? 예뻐서?)
Beautiful? Well, she is different.
(예쁘냐구? 글쎄, 그녀는 무언가 달라.)

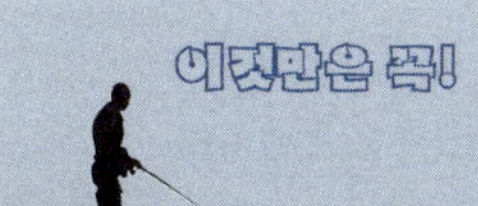

폴은 남과 달랐다.
Paul was different.

REV. MACLEAN: Grace will not be set until that bowl is clean.

Paul and Norman stare across the table at each other. The father puts down his coffee.

REV. MACLEAN: Man has been eating God's oats for a thousand years. It's not the place of an eight-year-old boy to change that tradition.

Paul stares at his oatmeal. The family stares at each other. Close-up of a ticking clock. Paul sits alone at the table. The father sits alone in his office. The father enters the dining room. The father clears his throat. He walks around the table. Norman and their mother enter the room. They sit down.

REV. MACLEAN: Grace. *(They all stand up and kneel beside their chairs.)* Oh, God! God rich in forgiveness, grant that we may hold fast the good things we receive from Thee and as often as we've fallen to sin be lifted by repentance through Thy grace. Amen.

Norman looks at Paul under the table.

♠ *EXT. BY THE RIVER*
Norman and Paul are lying by the river.

PAUL   : Norm, what do you want to be when you grow up?
NORMAN   : A minister, I guess, or a professional boxer.
PAUL   : You think you could beat Jack Johnson?

맥클레인 목사 : 그릇을 비울 때까지 감사기도를 하지 않
을 것이다.

폴과 노먼은 식탁에 마주 앉아 서로 쳐다보고 있다. 부친, 커피를
내려놓는다.

맥클레인 목사 : 인간은 천년간이나 하나님이 주신 귀리를
먹으며 살아 왔다. 그 전통을 어기는 건
여덟 살 난 아이가 할 일이 아니다.

폴이 자신의 오트밀 죽을 쳐다본다. 가족이 서로를 쳐다본다. 똑딱
거리는 시계가 클로즈업된다. 폴은 여전히 홀로 식탁에 앉아 있다.
부친은 그의 서재에 혼자 앉아 있다. 부친이 거실로 들어와 목청을
가다듬는다. 그는 식탁을 돌아 자리로 온다. 노먼과 모친도 거실로
들어온다. 모두 식탁에 앉는다.

맥클레인 목사 : 감사 기도하자. (가족 모두 의자에서 일어나
각자의 의자 옆 바닥에 무릎을 꿇고 앉는다.) 긍
휼에 풍성하신 하나님, 우리로 하여금 주께
서 주신 귀한 것을 잘 지키게 하옵시고, 우
리가 죄에 넘어질 때마다 은혜를 베푸사 회
개하게 하시고 구원해 주옵소서, 아멘.

노먼은 기도 중 테이블 밑에서 폴을 훔쳐본다.

♠ 외부. 강가의 풀밭
노먼과 폴이 누워있다.

폴   : 형 이담에 크면 뭐가 될 거야?
노 먼 : 나는 목사나 프로 권투선수가 뙤고 싶어.
폴   : 형은 잭 존슨을 이길 수 있어?

■ place
(마땅히)있어야할 곳, 위치.
* It's not the place of an eight
-year-old boy.
(여덟 살 난 아이가 할 일이 아니다.)
* It's no place for you.
(네가 있을 곳이 아니다.)

■ eight-year-old boy
hyphen(-)으로 연결된 복합 형용
사의 경우 수사 다음 단수를 써서
형용사를 만든다.
* We've got six twenty-dollar
tickets.
* He gave me a hundred-pound
note.
* We are carrying out a five-
year plan.

■ fast
꽉, 단단히, 굳게(tightly, firmly).

■ Thee
고대영어. 1인칭의 목적격
주격 :thou, 소유격 :thy
여기서 Thee, Thy를 대문자로 쓴
것은 하나님을 뜻하기 때문이다.

■ Jack Johnson
그 당시의 유명한 권투 선수

■ What do you want to be (when
you grow up)?
= What are you going to be?
(커서) 무엇이 되고 싶은가? 묻는
말.

Paul is on his side. His hand is propping up his head.
Norman turns his head to look at Paul.

NORMAN   : I don't know.
PAUL   : I think you could. I'd lay a bet on it.
NORMAN   : What are you going to be?

Again, Norman turns his head to Paul.

PAUL   : A professional fly-fisherman.
NORMAN   : There's no such thing.
PAUL   : There isn't?
NORMAN   : No.

Paul turns and lays on his back with hands behind his head.

PAUL   : Hmm. I guess... a boxer.
NORMAN   : Not a minister?

Paul laughs and both boys laugh together.
The clouds blow by. Voice over. The stream runs by.

폴은 한 팔로 머리를 받치고 옆으로 누워 형을 보고있다. 노먼도 고개를 돌려 폴을 쳐다본다.

노 먼 : 잘 모르겠어.
폴   : 이길 수 있을 거야. 내기해도 좋아.
노 먼 : 넌 뭐가 될 거니?

노먼은 다시 폴을 쳐다본다.

폴   : 프로 플라이 낚시꾼.
노 먼 : 그런 직업은 없어.
폴   : 없어?
노 먼 : 그래.

폴은 다시 팔베개를 하고 똑바로 누워 하늘을 본다.

폴   : 그럼... 권투선수.
노 먼 : 목사는 안 할거야?

폴이 낄낄거리며 웃자 노먼도 같이 웃는다. 두 소년의 웃음소리. 하늘엔 구름이 흘러가고, 강물이 흐르고 나래이션이 들려온다.

■ I think you could.
확실한 사실이 아닌 개인적인 의견을 말할 때 I think를 이용해 완곡하게 표현한다. 따라서 우리말로 옮길 경우에도 굳이 "~라고 생각한다", "~라고 추측한다"라고 해석하지 않아도 좋다.
* I think you have the wrong number.(전화 잘못 거셨어요.)
* I think I lost my appetite. (입맛이 없어요.)

■ lay a bet on it.
~에 걸다.

■ What are you going to be?
= What do you want to be when you grow up?

2 Adolescence

Voice Over. The stream and then old black-n-white photo of timbered logs.

NARRATOR: In 1917, World War I came to Missoula taking with it every able-bodied lumberjack leaving the woods to old men and boys. So at 16 I did my duty and started working for the U.S. Forest Service.

(A picture of Norman as a lumberjack.) It was a life of timber and toil with men as tough as their axe handles and more mountains in all directions than I would ever see again. Being too young to join me *(Picture of Paul as a life guard)* Paul took a job as lifeguard at the municipal swimming pool so that during the day he could look over the girls and in the evenings *(Picture of Paul fishing)* he could pursue his other purpose in life... fishing.

♠ *INT. CHURCH. DAY*
Close side view of father singing with the congregation.

테잎시간
00:13:14: ~ 00:27:18

흐르는 강물에 이어 벌목한 나무들의 빛 바랜 사진들 위로 나래이션.

나래이터: 1917년 우리 마을 미줄라에도 1차대전의 영향이 왔다. 모든 건장한 벌목꾼들은 노인과 아이들에게 숲을 맡기고 전쟁터로 떠나갔다. 열 여섯 나이에 나는 산림청에 복무를 했다. (벌목꾼이 된 노먼의 사진이 화면에 보인다.) 도끼자루 같이 강한 사나이들과 함께 벌목과 노동을 하는 힘든 삶이었다. 나는 여태껏 그렇게 많은 산들로 둘러 쌓인 속에서 지내본 적이 없었다. 폴은 어렸기 때문에 (수영장에서 구조원으로 일하는, 여자들에게 둘러싸인 폴의 사진) 우리 같은 일은 하지 않고 시립 수영장에서 인명구조원으로 일했다. 낮에는 여자를 감상하고 밤에는 (낚시를 하는 폴의 모습) 인생의 또 다른 목표인 낚시를 했다.

♠ 내부. 교회 안. 낮
성도들과 찬송가를 부르는 목사의 옆모습이 클로즈업된다.

■ **able-bodied**
건장한, 숙달한.

■ **lumberjack**
나무꾼, 목재벌채인부.
cf) steeplejack: 높은 곳에 올라가 일하는 사람.
cheapjack: (싸구려 물건을 파는) 행상인.

■ **did my duty**
do one's duty 의무, 본분을 다 하다.

■ **a life of timber and toil**
벌목과 노동을 하는 삶.

■ **too A to B**
B 하기에는 너무 A 하다.

■ **so that**
결과, 그래서, 그러므로.
so that + 절의 형태.

■ **look over**
유심히 보다, 관찰하다.

SING   : Be thou my vision. Oh, Lord of my heart, naught
              be all else to me save that thou art, Thou might
              press on by day or by night waking or sleeping
              Thy presence, my light.

♠ *EXT. OUTSIDE MACLEAN'S HOUSE. NIGHT*
A truck is driving on the road at night. Boys are hooting and hollering. The
truck turns. A man in the back whistles. Paul opens the window from
inside the house, and he and Norman climb out. Paul jumps off the roof
and rolls on the ground. Norman climbs down the downspout. (laughter)

PAUL   : *(whispers to Norman)* Preacher, come on.

Norman runs to join Paul in the truck.

NORMAN   : Will you guys shut up?

The truck drives away.

♠ *EXT. WOODS*
Norman and friends sit around the car. A train whistles in the distance.
Norman throws a pile of rocks down.

NORMAN   : Did I ever tell you guys what a forest fire sounds
              like coming down a mountain at 60 miles...
BOY# 1   : Shut up.
BOY# 2   : Damn it, the forest fire.

Norman is offered a drink. He takes the cork off.

PAUL   : I have a great idea. I know how we can go down
              in history.
BOY# 2   : How's that?

노 래 : 내 맘의 소망이신 주님, 주님밖엔 없네.
　　　　밤이나 낮이나, 자나 깨나 내 곁에 계신 주님
　　　　내게 빛이 되시네.

♠ 외부. 맥클레인 목사의 집 앞. 밤
트럭이 길을 달려오고 있다. 큰소리로 야유하며 외치는 소리. 목사
집 앞에서 멈춰서 뒤에 앉은 친구가 휘파람을 분다. 폴이 창문을 열
고 내다보고는 노먼과 함께 창밖으로 몰래 빠져 나온다. 폴은 지붕
에서 뛰어내려 구르고, 노먼은 홈통을 타고 내려온다. (웃음소리)

폴 　 : (소리를 죽여 노먼에게) **목사님, 갑시다.**

노먼이 폴을 따라 트럭에 올라 탄다.

노 먼 : 다들 조용히 좀 해!

트럭이 떠난다.

♠ 외부. 숲속
다들 트럭 주변에 앉아있다. 멀리서 기적소리. 노먼 돌무더기에 돌
을 던진다.

노 먼 : 산불이 시속 60마일로 산밑으로 번져 내려올
　　　　때 어떤 소리가 나는지 내가 말했었나?
친구# 1 : 집어 치워.
친구# 2 : 젠장, 산불 얘기라니.

노먼에게 술병을 건네자 마개를 딴다.

폴 　 : 내게 좋은 생각이 있어. 역사에 이름을 남길 방
　　　　법을 **안다구.**
친구# 2 : 그게 뭔데?

- naught
무(無) (= nothing).

- art
고어로 주어가 thou인 경우의 be
의 2인칭 단수.

- by day or by night
밤이나 낮이나.

- Will you ~?
상대방에게 하는 가벼운 명령 · 권
유. (~해 주시오, ~하지 않겠소?)
* Will you give me a cigarette?
(담배 한 대 주십시오.)
* Won't you come with us this
evening?
(오늘 밤 함께 가시겠습니까?)

- you guys
너희들.
주로 복수로 쓰인다.

- go down in history
역사에 기록되다, 전해지다.

- sounds (like)
~처럼 들리다. 생각되다.
* Strange as it may sound…
(이상하게 들리겠지만..)
* That sounds wonderful.
(멋진 생각이다.)

좋은 생각 같습니다.

That sounds like a good idea.

PAUL   : We borrow old man Seifert's rowboat and we
              shoot the chutes.
BOY# 1   : You can't shoot the chutes, Pauly. *(Boy shakes his
              head.)*
PAUL   : You can try.
BOY# 2   : You can die trying.
PAUL   : They'd bury you with full honors. Tell them, Norm.
NORMAN   : We would be the kings of Missoula.
PAUL   : Yeah kings. You would get your photographs in
              the paper. I'm doing it. I am.
BOY# 1   : You'll die. No.
BOY# 2   : Let's do it. Come on.
CHUB   : I'm with you.
BOYS   : Let's go.
BOY# 1   : What?
PAUL   : All right.

Boys climb into the truck.

♠ *Dawn.*
*New Scene. The boys are holding a rowboat to the roof of the truck. They
are singing, "Row, row, row your boat". The boys lift the boat off the truck.*

PAUL   : *(keeps singing)* "Gently down the stream..."
BOYS   : Let's go.
PAUL   : I'll get the oars.
BOYS   : Whose idea was this anyway?*(shouting and laughing,
              they carry the boat.)* Where we going, Pauly?
              This way.
BOY   : Don't work too hard, Chub. *(singing)*

폴   : 시퍼트 할아버지 보트를 실례해서 폭포를 타는
           거야.

친구# 1 : 폴, 폭포를 타는 건 불가능 하다구. (고개를 젓는
           다.)

폴   : 한번 해볼 수 있잖아.

친구# 2 : 해보다가 죽을지도 몰라.

폴   : 장례는 명예롭게 지내주겠지. 형, 어때?

노 먼   : 우린 미줄라의 영웅이 되는 거야.

폴   : 그래, 왕. 그리고 유명인사가 돼서 신문에 사진
           이 날거라구. 난 해볼거야.

친구# 1 : 그러다 죽을 거야. 난 싫어.

친구# 2 : 해보자구. 가자.

처 브   : 나도 같이 갈게.

친구들   : 가자구.

친구# 1 : 뭐라구?

폴   : 좋아.

모두들 트럭에 올라탄다.

♠ 새벽.
폴과 친구들이 트럭 위에 보트를 싣고 오고 있다. 모두들 "배를 저
어라..." 노래를 부른다. 트럭에서 보트를 내린다.

폴   : (노래를 계속하며) "물결따라 부드럽게 배를 저어
           라..."

소년들   : 가자.

폴   : 내가 노를 잡을 게.

소년들   : 대체 누가 이런 생각을 한 거야? (소리지르고 웃으
           면서 보트를 메고 강쪽으로 간다.) 폴, 어디로 가는
           거야? 이쪽으로..

친 구   : 너무 힘쓰지마, 처브. (노랫소리)

■ shoot
급류를 타고 내려가다.

■ chute
폭포, 급류.

■ What?
상대방의 말에 놀란 감탄조로 되
물어 볼 때와 말한 것을 못 들어서
다시 한 번 말해달라고 부탁할 때
사용하는 표현이다.
* I caused a traffic accident.
  (나 차 사고 냈어.)
  What? (You did what?)
  (뭐라고?)

■ I'm with you.
  네 의견에 찬성이야.
  with: (동조, 찬성) ~에 찬성하여.
* Are you with us or against us?
  너 우리와 동의하니 반대하니?
  (우리편이니 아니니?)
* He voted with the Government.
  (여당에 표를 던졌다.)
* I'm with you as you tell the
  truth.
  (네가 진실을 말하니 네 편이 되어
  줄게.)

Close up of water rushing. The boys stare at the rapids.

BOY   : Jesus, Mary, and Joseph.

Paul and Norman look at each other.

PAUL   : Okay, we'll put in upstream.

The boys carry the boat upstream.

PAUL   : Okay. Flip it.

The boys set the boat down and turn it over. Paul watches and holds the oars. They push the boat into stream.

PAUL   : Okay, hop in. Come on. We can all fit.
BOY #2   : I don't think so.
BOY #1   : No, I...

Paul clucks like a chicken and flaps his folded arms like wings.

PAUL   : All right. Just me, Norm, and Chub.
CHUB   : Jeez, Pauly...
PAUL   : Okay. Then I guess it's just the Macleans.

Norman stares at Paul. Paul nods his head at Norman. Norman takes his jacket off. Paul takes his coat off. Paul throws his jacket at Chub. Norman throws his jacket to the side. Norman and Paul pull the boat into the river. Chub puts the oars in and the boys shove the boat off.

CHUB   : You guys be careful.

거센 물결이 클로즈업된다. 모두들 급류를 바라본다.

친 구 : 하나님, 성모마리아, 성 요셉이시어!

폴과 노먼 서로 쳐다본다.

폴 : 좋아. 상류 쪽으로 가자.

모두들 배를 상류쪽으로 메고 간다.

폴 : 좋아. 배를 뒤집어서 대.

배를 뒤집어 바로 놓는다. 폴은 노를 들고 곁에서 바라보고 있다. 친구들이 배를 강에 대어 놓는다.

폴 : 됐어, 올라 타. 빨리. 모두 탈 수 있어.
친구# 2 : 아무래도 안되겠어..
친구# 1 : 난 말이지...

두 팔로 닭처럼 날개 짓을 하며 닭우는 소리를 낸다.

폴 : 좋아, 나하고 형하고 처브만 가자구.
처 브 : 맙소사, 폴.....
폴 : 좋아. 그럼 맥클레인 가 형제만 가는 거군.

노먼은 폴을 쳐다본다. 폴은 노먼에게 동의를 구하듯 고개를 끄덕한다. 노먼은 자켓을 벗는다. 폴도 웃옷을 벗어 처브에게 던진다. 노먼은 옷을 옆으로 던진다. 노먼과 폴이 함께 보트를 강으로 민다. 처브가 노를 배에 꽂고 친구들이 배를 물 속으로 밀어 넣는다.

처 브 : 조심해!

■ Jesus, Mary, and Joseph.
아이구. (예수 그리스도, 성모 마리아, 성요셉)
무섭게 떨어지는 폭포를 보고 놀라고 겁에 질린 친구들이 하는 말.

■ upstream
상류.
cf) downstream.

■ I don't think so.
상대방에게 동감하지 않는 경우.
동감할 경우에는 I think so
(I agree)로 대답한다.
* A: He's a very kind man.
(그는 정말 친절한 사람이야.)
B: I don't think so.
(난 그렇게 생각하지 않아.)
I think so.
(동감이야.)

■ the Macleans
= Maclean family 맥클레인 가족.
(the + 가족의 성의 복수형)
the Kims: 김씨 가족.

정관사 the + 국민, 민족의 형용사형도 같은 용법.
the Koreans, the Americans, etc.
국명의 형용사형이 -ch, -sh, -ese, -ss로 끝나면 [-s, -es]를 붙이지 않는다.
the Swiss, the Japanese, the Chinese, the English

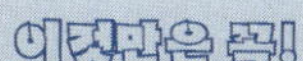

나는 지난 주말 스미스네 가족과 함께 스키 타러 갔다.
I went skiing with the Smiths last weekend.

Laughing.

NORMAN : See you later, boys.

Norman and Paul begin rowing. The boys run along the side on the bank.

PAUL : Heavy on the right.

The boys run by.

PAUL : On your right, watch the right.

Laughing.

NORMAN : Right. watch it.
BROTHERS: On your right.
On your right.
Right.

A rock flashes in front of the boat. They hit the rock and the boat rocks. Paul continues to steer in the back. The boat goes over a high rapid. The boys continue to watch with worried looks.

PAUL : Hang on.

Paul and Norman hang on to the boat with both hands as they prepare to go down the rapid. The boat falls down the waterfall.

CHUB : Oh, jeez... Maclean!
BOYS : Hey! Maclean. Pauly!

They run down to the river. Chub scans the river looking for Norman and Paul.

웃음소리.

노　먼　: 나중에 보자구, 친구들.

폴과 노먼이 배를 젓는다. 친구들은 강둑에서 배를 따라 달려 내려
간다.

폴　　　: 오른쪽으로 기울어.

친구들이 계속 따라온다.

폴　　　: 형, 오른쪽, 오른쪽을 조심해.

웃음소리.

노　먼　: 알았어. 조심해.
형　제　: 오른쪽.
　　　　　오른쪽.
　　　　　오른쪽.

바위가 보트 앞에 나타난다. 배가 바위에 부딪치자 보트가 휘청거
린다. 폴은 배 후미에서 계속 방향을 조정하고 있다. 보트는 속력을
더하며 급류를 넘는다. 강둑에서 친구들은 겁에 질려 걱정스럽게
바라본다.

폴　　　: 꼭 붙잡아!

보트가 폭포 쪽으로 급류를 타고, 폴과 노먼은 두 손으로 보트를 꼭
잡고 있다. 보트가 폭포를 타고 떨어진다.

처　브　: 맙소사, 맥클레인!
친구들　· 맥클레인! 폴!

큰소리로 부르며 강으로 내려간다. 처브는 노먼과 폴을 찾아 강을
살핀다.

■ on your right
　오른편에
　cf) on one's left.

■ Watch it.
　조심해.

■ hang on
　꼭 붙들어.
* Hanging on for safety, the
  elderly woman stepped off the
  bus.
　(할머니는 넘어지지 않으려고 꼭
　붙들고, 버스를 내렸다.)

■ See you later.
　헤어질 때의 일반적인 표현은
　Good-Bye / Bye-bye / Bye for
　now이고, 그 외에 See you 또는
　See you again / later (다시 / 나
　중에 만나요.) Take care(잘 지내
　요.)가 있다.

나중에 보자. (안녕.)

See you later.

BOY# 2   : Hey, Chub.

Chub sees the broken boat on the bank. Chub runs to the boat.

CHUB   : *(shouting)* **Maclean!**

Paul jumps out from behind a bush and shoves Chubs into the river.

CHUB   : What the hell?

Chub splashes the water at Paul. Paul does a cannonball into the river. The two have a water fight. Chub tackles Paul and puts him under water. The other boys run to see what is happening. Paul has his arm around Chub. They are laughing.

BOY# 1   : You guys okay? Where's.....

Norman is sitting up on the bank rubbing his head.

BOY# 1   : *(to Norman)* **Preach, you okay?**
NORMAN   : Sure.

Norman is not as exalted as Paul but as Paul looks up to Norman, he nods his head at Paul.

♠ *INT. MACLEAN'S HOUSE. MORNING*
The mother and father sit at the dining room table. Paul and Norman are sneaking into the house. Door creaking. They walk down the hallway. Their father meets them.

REV. MACLEAN: You will go to church this day and pray for

친구# 2 : 처브, 저기봐.

강둑에 보트가 뒤집혀져 있다. 처브 급히 보트 쪽으로 뛰어간다.

처 브 : (소리치며) 맥클레인!

폴이 갑자기 숲 속에서 나와 처브를 물 속에 밀어 넣는다.

처 브 : 대체 이게?

처브는 폴에게 물을 튀긴다. 폴은 강물에 뛰어든다. 둘이서 물싸움을 하고 처브는 폴을 물 속에 밀어 넣는다. 다른 친구들도 모두 뛰어와서 영문을 몰라한다. 폴은 처브와 어깨동무를 하고 같이 웃고 있다.

친구# 1 : 괜찮아? 근데 노먼은....?

노먼은 강둑에 앉아 젖은 머리를 비비고 있다.

친구# 1 : (노먼을 보고) 목사님, 괜찮아?
노 먼 : 물론이지.

노먼은 폴처럼 의기양양하지 않다. 그러나 폴이 노먼을 쳐다보자 고개를 끄덕인다.

♠ 내부. 맥클레인 목사집. 아침
어머니와 아버지가 식탁에 앉아있다. 폴과 노먼이 집으로 몰래 들어온다. 문여는 소리. 현관에서 들어올 때 아버지와 마주친다.

맥클레인 목사: 너희는 오늘 교회에 가서 회개를 하도록 해

■ go to church
예배보러 가다(=attend church.)는 의미일때 church앞에 관사를 넣지 않는다.

■ this day
today

■ You guys okay?
너희들 괜찮니?
= Are you okay?
여러 명일 때 you 대신 you guys를 쓰기도 한다.
(친한 사이의 경우)

forgiveness. *(Mother enters.)* Your mother spent the night sick with worry. Did you think about her feelings?

MRS. MACLEAN: Mrs. Campbell called.

REV. MACLEAN : Who gave you the boat?

Paul stands behind Norman.

NORMAN   : We, um...

PAUL   : Borrowed it.

REV. MACLEAN : Borrowed? Boys, what have you done? Well, you will work off every cent of its value.

NORMAN   : Yes, sir.

PAUL   : I'll work it off, Father. It was my idea.

The mother, rubbing her arm with her hand, looks at the father.

♠ *INT. MACLEAN'S KITCHEN*
Norman gets something out of the refrigerator and sits down to eat. Paul enters and whistles. He sits down.

PAUL   : Whoo! What you making? *(Paul grabs the meat and looks under it.)* Know what you need on that? Ham, cheese, and sardines.

Paul gets up and goes to the refrigerator to get sardines. He comes back.

NORMAN   : I don't want sardines.

PAUL   : I'll show you. *(prepares a sandwich)* Boy, can you believe those guys? They'll be telling everyone

라. (어머니가 나온다.) 엄마는 걱정으로 밤새 한 숨도 못 주무셨어. 엄마의 기분을 생각해 봤니?

맥클레인 부인: 캠벨 부인이 전화했더구나.

맥클레인 목사: 배는 어디서 났니?

폴이 노먼 뒤에 서 있다.

노　먼　: 저, 저희가..

폴　　　: 빌렸어요

맥클레인 목사: 빌렸다구? 너희가 무슨 짓을 했는지 아니? 일을 해서 보트 값을 한푼도 남기지 말고 갚도록 해라.

노　먼　: 알겠습니다, 아버님.

폴　　　: 제가 일해서 갚을 게요, 아버지. 제가 하자고 했어요.

어머니 손으로 팔을 문지르며 아버지를 쳐다본다.

♠ 내부. 집안. 부엌

노먼이 냉장고에서 먹을 것을 꺼내 식탁에 앉는다. 폴이 휘파람을 불며 들어와 형 앞에 앉는다.

폴　　　: 뭘 만드는 거야? (폴은 샌드위치를 집어 속을 본다.) 샌드위치네. 뭘 넣어야 되는 알아? 햄, 치즈, 그리고 정어리..

폴이 일어나 냉장고에 가서 정어리를 가지고 온다.

노　먼　: 정어리는 안 먹어.

폴　　　: 내가 가르쳐줄게. (샌드위치에 햄, 징이리를 넣는다.) 그 친구들을 믿지? 1919년 학생의 쾌거를

■ spend the night sick with worry

spend the night (the time) ~ : 밤 (시간)을~ 하면서 보내다.

■ work off

(빚 등을)일을 해서 갚다.

* Working off the debt, the man was grateful for the opportunity to learn new skills. (빚을 갚기 위해 일을 하면서 그는 새로운 기술을 배울 기회를 얻었다는 것에 대해 감사했다.)

■ I'll show you.

상대방에게 무언가를 가르쳐 주거나 설명할 때 쓰는 표현이다. (= explain)

* Show me how to do it. (그것을 하는 방법을 알려주세요.)

* I will show you. (가르쳐줄게.)

* I showed him why he ought to go. (그가 왜 가야 하는가 설명해 주었다.)

■ It was my idea.

내 생각이었다.

* This is not my idea of happiness. (내가 생각하는 행복은 이게 아니야.)

* Now, this is my idea of a good time. (내가 바로 이렇게 재미있는 시간을 보내고 싶었소.)

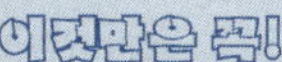

내가 하자고 했어요. (내 생각이었어요.)

It was my idea.

the class of '19 did it. I should write an article.
"Macleans conquer shoots."

NORMAN　：I don't like sardines!

PAUL　：And you could get it in the school paper. I bet
Chub, "Jeez, Pauly." What a skeezicks.

NORMAN　：*(shouting)* I don't want any goddamn sardines.

Norman pushes Paul against wall in anger.
Glass shattering. Groaning.

They begin fighting. Mother comes in.

MRS. MACLEAN: *(screams)* No, stop it. Stop it, stop it. Stop it!

Norman pushes Mother on accident. She slips.

PAUL　：You hit her, You son of a bitch!

NORMAN　：You knocked her down, You bastard. Son of a
bitch!

MRS. MACLEAN: Please, I slipped, I slipped, I slipped. I just
slipped. That's all.

Paul and Norman, panting, stares hard with each other. Norman's nose
bleeding.

NARRATOR: That was the only time we ever fought. Perhaps
we wondered afterwards which one of us was
tougher. But if boyhood questions aren't
answered before a certain point, they can't be
raised again. So we returned to being gracious to
one another as the church wall suggested.

모두에게 얘기할거야. 난 "맥클레인 형제, 폭포
를 정복하다"라고 기사를 써야겠지.

노 먼 : 난 정어리가 싫다구!

폴 : 형은 학교 신문에서 그 기사를 읽을 수 있을 거
야. 처브는 또 "저런, 폴!" 하겠지. 멍청이.

노 먼 : (소리지른다.) 난 정어리가 싫다니까!

노먼은 화를 내며 폴을 벽에 밀친다.
유리 깨지는 소리. 투덜대는 소리.

노먼과 폴이 싸운다. 어머니가 들어온다.

맥클레인 부인: (소리지르며) 안돼! 그만해. 그만. 그만, 그
만해!

노먼이 우연히 엄마를 밀쳐 넘어뜨린다.

폴 : 너, 엄마를 때렸어, 나쁜 자식!

노 먼 : 네가 엄마를 때렸어 이 못된 놈아. 나쁜 자식!

맥클레인 부인: 제발 그만해. 내가 미끄러졌어, 미끄러진
거야. 내가 미끄러져서 넘어진 것 뿐이야.

폴과 노먼이 숨을 몰아쉬며 서로 노려보고 있다. 노먼은 코피가 난
다.

나래이터 : 그것이 우리의 유일한 싸움이었다. 아마 후에
우리는 두 사람 중 누가 더 강한지 궁금해했을
것이다. 그러나 어린 시절의 궁금증은 적당한
때가 지나도록 풀리지 않는다면 이내 잊혀지고
마는 법이었나. 우리는 교회에서 비라는 대로
서로 의좋게 지냈다.

■ knock one down
때려서 눕히다.

■ boyhood
소년기.
cf) childhood, manhood

■ church wall
교회, 교단.

■ That's all.
그 뿐이다. 구어적 표현.
* I don't want to do it, that's
all.
(하고 싶지않아, 그뿐이야.)

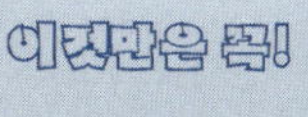

내가 그냥 미끄러져 넘어진것 뿐이야.

I just slipped, that's all.

♠ EXT. THE BIG BLACKFOOT RIVER. DAY

Three are fishing in the river. Paul goes down farther in the stream and fly-fishes in his own rhythm.

NARRATOR: I then saw something remarkable. For the first time Paul broke free of our father's instructions into a rhythm all his own.

Cleaning fish and comparing sizes between the two.

REV. MACLEAN: Okay. They're both marvelous. *(laugh)*

Reverend puts down a larger fish he caught.

REV. MACLEAN: I'd say the Lord has blessed us all today.

Clears throat. Stands up and walks down.

REV. MACLEAN: It's just that he's been particularly good to me. *(laughs)*

♠ 외부. 빅 블랙풋강. 낮

아버지와 아들들이 강에서 낚시를 하고 있다. 폴은 멀리 물 속까지
들어가 자신만의 리듬으로 플라이 낚시를 하고있다.

나래이터: 나는 그때 놀라운 일을 보았다. 처음으로 폴이
아버지의 가르침에서 벗어나 자기만의 독창적
인 리듬을 타기 시작한 것이었다.

노먼과 폴이 자기들이 낚시한 고기의 크기를 비교한다.

맥클레인 목사: 좋아. 둘다. 아주 놀라워. (웃는다.)

목사, 자신이 잡은 더 큰 고기를 놓는다.

폴　　　: 좋아.

맥클레인 목사: 둘 다 놀랍구나. 오늘 주께서 우리 모두에
게 은총을 내려주시는구나.

목소리를 가다듬으며 일어나 걸어간다.

맥클레인 목사: 주님은 내게 늘 특별히 선을 베풀어주시는
것 같구나. (웃는다.)

■ something remarkable
(획기적인) 놀라운 일.
something(anything, nothing)
은 형용사가 뒤에 온다.
* I need something hot to drink.

■ for the first time
처음으로.

■ break free of ~ into....
~에서 벗어나 …로.

■ instruction
훈련, 교육, 지시.

■ all his own
자기만의 (all: 완전히 전적으로).

■ (blessed) us all
우리 모두를 (축복하셨다.)
* Let us all pray.
(우리 모두 기도합시다.)

 로버트 레드포드 (Robert Redford) 와 선댄스영화제

배우이자, 감독, 제작자인 로버트 레드포드 (1937. 8. 1~)는 본명이 찰스 로버트 레드포드 주니어로 캘리포니아주 산타모니카에서 출생했다. 야구 선수를 꿈꾸기도 했고 화가가 되기 위해 유럽으로 떠나기도 했지만, 다시 미국으로 돌아와 연기 수업을 한 후 브로드웨이에서 데뷔했다. 연극 무대와 TV에서 활동하던 레드포드는 닐 사이먼 원작의 영화 〈맨발로 공원을(*Barefoot in the Park*), 1967〉으로 할리우드의 주목을 받았다. 1962년 배우생활을 시작한 레드포드는 〈내일을 향해 쏴라(*Butch Cassidy and the Sundance Kid*), 1969〉, 〈스팅(*The Sting*), 1973〉, 〈대통령의 사람들(*All The President's Men*), 1976〉, 〈아웃 어브 아프리카 (*Out of Africa*), 1985〉

등 숱한 영화에 주연으로 출
연했으며 폴 뉴먼과 함께 출
연한 영화 〈내일을 향해 쏴
라〉로 세계적인 명성을 얻었
다. 또한 〈내일을 향해 쏴라〉
의 성공 이후 직접 연출했던

〈보통 사람들 (*Ordinary People*), 1980〉로 아카데미 감독상을 수상해 연출자
로서도 명성을 쌓았다. 이후 영화에 출연하면서 틈틈이 〈흐르는 강물처럼(*A
River Runs Through It*), 1992〉, 〈퀴즈 쇼(*Quiz Show*), 1994〉, 〈호스 위스
퍼러(*The Horse Whiperer*), 1998〉, 〈시빌 액션(*A Civil Action*), 1998〉 등의
작품을 제작, 연출했다. 그가 연출한 여섯 편의 작품들은 모두 평균 이상의 수준
작들이라는 평을 듣고 있다.

레드포드는 1981년 할리우드의 대형 영화와 배급업자들로부터 외면 당해 온
젊은 영화인들에게 기회를 주기 위해 이제는 세계 독립 영화(인디영화)의 산실이
된 선댄스 영화제(Sundance Film Festival)를 창설했다. 선댄스는 그의 출세
작품인 〈내일을 향해 쏴라〉에서 따온 이름이다.

그는 이 영화제로 인해 '독립영화의 대변자'라는 이름을 얻게 되었고, 2002
년 3월 개최되었던 아카데미상 시상식에서 명예상을 받았다. 아카데미상 사무국
은 레드퍼드의 40년에 걸친 영화계 경력과 비주류 영화 발전에 기여한 공로를
인정, 특별부문에 속하는 아카데미 명예상 수상자로 결정했다고 한다. 아카데미

명예상은 영화인 최고의 영예로 간주되고 있다. 영화예술과학아카데미(AMPAS)는 레드포드가 받을 상패에 [배우, 감독, 제작자, 그리고 독립적이고 혁신적인 영화제작자들을 자극하는 '선댄스영화제'의 창시자]라고 새길 예정이다.

참고로 선댄스영화제에는 대표적인 한국영화로 꼽히는 〈인정사정 볼것 없다〉(감독 이명세)가 2000년 1월 미국 유타주 파크시티에서 열린 제 16회 선댄스 영화제에 참가했었다. 신인 및 독립영화 감독들의 메카인 선댄스 영화제의 집행부가 중견감독인 이명세 감독의 영화를 초청한 것은 이례적이었다.

또한 2002년 선댄스 국제영화제에는 탤런트 송채환과 남편 박진오가 나란히 초청되기도 했다. 이번 초청은 미국에서 영화 공부 중인 박진오씨가 연출한 단편 〈점심(Lunch)〉이 2002년 1월 10일 미국 유타주에서 열린 선댄스영화제 경쟁 부문에 진출하면서 이뤄졌다. 송채환씨는 이 영화의 제작자 및 프로듀서 자격으로 남편과 나란히 초청됐다. 박진오가 뉴욕대 대학원 1학년 때 직접 각본을 쓰고 연출한 〈점심〉은 노년기에 접어든 한 개인의 절대 고독을 다룬 작품으로, 세계 각국에서 출품된 30편의 단편들과 함께 소개되었다.

〈흐르는 강물처럼〉은 로버트 레드포드가 감독한 3번째 작품이다. 미국 몬태나 주를 배경으로 한 이 영화에서 잊을 수 없는 감동은 카메라가 화면으로 옮겨 놓은 플라이 낚시 장면과 몬타나의 자연의 아름다움이다. 프랑스 출신 촬영감독 필립 루슬로는 이 영화로 아카데미 촬영상을 수상했다. 로버트 레드포드의 젊은 시절의 모습을 기억나게 해주는 브레드 피트의 풋풋하고 싱싱한 그러면서도 어딘가 우수에 찬 연기를 보는 것도 또 하나의 매력이다.

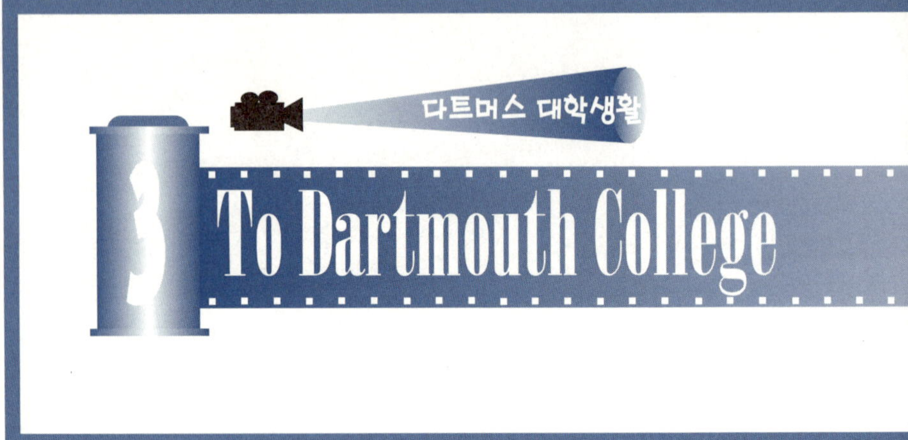

♠ *EXT. TRAIN STATION. DAY*
Norman is leaving for college.

NARRATOR : The year ended with my acceptance into Dartmouth College. Sometime before Father had told me I was allowed to attend any college in the world I could get into. I knew he earned no more than $1,800 a year, so his offer meant more than anything in my life.

REV. MACLEAN: Well, do your best.

NARRATOR : I will.

Paul follows Norman and they say good-bye.

MAN   : All aboard.

Norman climbs aboard.

테잎시간
00:27:19: ~ 00:39:33

♠ 외부. 기차역. 낮
노먼이 대학으로 가기 위해 떠난다.

나래이터 : 그 해가 저물 무렵 나는 다트머스 대학에 합격
했다. 언젠가 부친은 내가 합격만 하면 세계의
어느 대학에든지 다니게 해주겠다고 말씀하셨
다. 부친의 한 해 수입이 1,800달러밖에 안
된다는 걸 알기에, 그 말씀은 내 인생의 무엇
보다도 소중했다.

맥클레인 목사 : 최선을 다 하거라.

노 먼 : 그럴게요.

폴이 노먼을 뒤따라간다. 작별인사를 나누는 형제들.

승무원 : 모두 탑승하세요.

노먼 기차에 오른다.

■ end with
~으로 끝나다.

■ no more than
불과, 고작. (only)

■ Do your best.
최선을 다해라. (Do one's best.)

■ I will.
그럴게요.
자신의 의지를 나타낼 때 ~할 작
정이다, ~하겠다 의 표현은
I will로 하면 된다.
* I will do my best.
(최선을 다할게요.)

■ All aboard.
모두 승선(승차)하시기 바랍니다.
출발직전에 승객에게 하는 말.

NARRATOR : So in the autumn of 1919, I boarded the Northern Pacific for a 3,000-mile trip east to the unknown. To the son of a Montana minister, Dartmouth was more than an education. It was a revelation exposing me to a world I had only guessed at. As part of my degree, I was required to enlighten incoming freshmen on the wonders of the Romantic poets and although I was unaware of it then, teaching fit me.

Black and white photos of Dartmouth College where Norman is learning, and teaching, and in various other situations.

NARRATOR : But most of the time I sat in the card room of my fraternity house giving my bluenose brothers a lesson in Front Street poker. In all, I spent six years at Dartmouth, away from home nearly all that time. On the other hand Paul stayed home for college unwilling to leave the fish he had not yet caught. After graduation he took a job as a reporter for a Helena newspaper and moved to that town, his connection with the family growing as slight as my own.

Black-n-white photo of Paul at graduation and in the newsroom.

NARRATOR : It was not until the spring of 1926 that I finally did come home.

Pans on train and outdoor scenery.

나래이터: 1919년 가을 마침내 노던 퍼시픽 기차를 타고 3천 마일 떨어진 미지의 동부를 향해 떠났다. 몬타나 시골 목사의 아들인 내게 있어 다트머스는 단순한 학업 이상의 의미가 있었다. 내가 상상만 하던 세계를 직접 접하는 놀랍고 새로운 경험이었다. 학위를 받기 위해 나는 신입생에게 강의를 해야했다. 낭만주의 시인들의 경이로움에 눈을 뜨게 해주는 일이었는데, 그때는 몰랐었지만 가르친다는 게 내 적성에 맞았다.

다트머스대학에서 노먼이 공부하고, 가르치고, 여러 활동을 하는 흑백사진이 화면에 비치고 나래이션 계속된다.

나래이터: 그러나 대부분 나는 친교그룹의 방에서 시간을 보내면서 청교도 친구들에게 프론트 스트리트 포카를 가르쳐주곤 하였다. 이렇게 6년이라는 세월동안 집에서 떨어져 다트머스에서 보냈다. 한편, 폴은 아직도 잡지 못한 고기를 포기하기 싫어서 고향을 떠나지 않고 대학을 다녔다. 졸업 후 그는 헬레나에 있는 신문사 기자로 취직해서 헬레나로 이사를 했다. 그도 나와 마찬가지로 가족과 점점 멀어지게 되었다.

나래이션과 함께 폴이 신문사에서 일하는 모습과 졸업사진이 화면에 비친다.

나래이터: 1926년 봄 마침내 나는 집으로 돌아왔다.

카메라 팬이 기차와 고향의 경치를 보여준다.

■ the unknown
미지의 세계.

■ guess at
짐작하다.

■ the Romantic poets
낭만주의 시인들 .
(Wordsworth, Keats, Shelley, Byron등)
cf) the Romantic school 낭만파.

■ be unaware of
의식하지 못하는, 알아채지 못하는, 모르는 (ignorant).

■ fraternity
남학생 사교 클럽.
cf) sorority : 여학생 사교 클럽.

■ bluenose
극단적으로 청교도적인 사람.

■ not until
not until + 시간 + that 절 :
~가 되어 that 이하를 하다.
~가 되어서야.
* It was not until he was eighty that he started to paint.
(그는 80세가 되어 비로소 그림을 그리기 시작했다.)

■ did come :
동사 came의 강조표현.

■ fit
적성에 맞다, 소질이 있다.
* Do you think the work fits you?
(그 일이 당신에게 맞는다고 생각하세요?)

가르치는 것이 내 적성에 맞는다.

Teaching fits me.

♠ *EXT. TRAIN STATION. DAY*
Mother and Father waiting.

♠ *INT. MACLEAN'S HOUSE*

MRS. MACLEAN : Dinner is in half an hour. You have time for a bath.
NORMAN : Do I look thin, mother?
MRS. MACLEAN : Do I look old, Norman?
NORMAN : No. You look, uh...
MRS. MACLEAN : Wish Paul could have been here tonight. He's working late.

Mother leaves. Reverend invites Norman into the study.

REV. MACLEAN : Norman? Would you come in? I'm sorry Paul won't be here. The life of a newspaperman. Well, you know how Paul likes to...
NORMAN : I do.
REV. MACLEAN : Sit. I also hear that he..... Well, I hear everything, don't I? God forbid my flock to keep me in ignorance. Yes, you can bet everyone from here to Helena knows the details of your education, Norman. That is an achievement. So to what use shall you put this achievement?
NORMAN : *(Clears throat)* Well, I've been considering the forest service.
REV. MACLEAN : As a career?
NORMAN : No. No, for the summer.

♠ 외부. 기차역. 낮
목사와 어머니가 기차가 도착하기를 기다리고 있다.

♠ 내부. 맥클레인 목사집

맥클레인 부인 : 30분 뒤에 저녁 먹을 테니 목욕할 시간이
              있을 거야.
노 면   : 제가 좀 말랐나요?
맥클레인 부인 : 내가 늙어 보이니?
노 면   : 아니요. 엄마...
맥클레인 부인 : 폴도 있었으며 좋았을 텐데. 그 애는 늦게
              까지 일한단다.

어머니가 방을 나가고, 목사는 노먼을 서재로 부른다.

맥클레인 목사 : 노먼, 들어오거라. 폴이 못 온다니 안됐구
              나. 기자라는 직업이 다 그런 거지. 너 알
              지, 폴이....
노 면   : 알아요.
맥클레인 목사 : 앉거라. 내가 또 듣기로는 그 애가.... 아무
              튼 나도 다 듣고 있다. 주님께선 내 양들
              이 목자가 모르는 일을 하도록 내버려두지
              는 않으시지. 그래, 여기서부터 헬레나까
              지 사람들은 다 네 학업에 대해서도 자세
              히 알고 있단다. 이건 대단한 성취야. 그
              래, 이제 공부한 걸 어디에 쓸 셈이냐?
노 면   : (목을 가다듬고) 산림 종사원 일을 할까 생
              각중입니다.
맥클레인 목사 : 직업으로?
노 면   : 아니, 아닙니다. 여름 동안만입니다.

■ Wish Paul could have been here.
I wish that Paul could have
been here.
폴이 왔더라면 좋았을 텐데.

■ I am sorry.
미안하다는 사과의 의미도 있지만
상대의 아픔에 동참하거나 유감을
표시하는 말로 많이 쓰인다.
* My father passed away last
  week.
  (부친께서 지난주 돌아가셨습니다.)
  I am sorry (to hear that).
  (안됐습니다.)

■ you can bet
~는 확실하다. 틀림없다.
(you bet)

■ in half an hour
in + 시간: ~ 이후에.
* I'll be back in an hour.
  (한 시간 후에 돌아 올게요.)

REV. MACLEAN : Ah, as a break. Well, that's a good idea. The body fuels the mind.

NORMAN : That's what I was thinking.

REV. MACLEAN : And after?

NORMAN : I'm not absolutely sure yet.

REV. MACLEAN : Well, you've had six years to become sure, Norman. *(Moves to the window.)* Have you considered an advanced degree? The law? Medicine?

NORMAN : No.

REV. MACLEAN : The ministry?

NORMAN : I've applied for several teaching positions and, um...

REV. MACLEAN : Have you?

NORMAN : Yes, college level. I haven't heard anything yet.

REV. MACLEAN : No, it's early. But, now you have taught classes already, haven't you? *(sits back down at the desk.)*

NORMAN : Yes.

REV. MACLEAN : And did you find that experience rewarding? That is to say, do you feel this could be your calling?

NORMAN : My calling?

MRS. MACLEAN: *(V.O)* Dinner, gentlemen.

♠ *EXT. A CAR IS DRIVING ON THE ROAD. DAY*

아버지 책상에서 서로 마주보고 이야기하는 동안 의자가 삐걱거린다.

맥클레인 목사 : 잠시 쉬는 셈치고 한다면 좋은 생각이다. 육체 노동은 정신의 활력이 되지.

노 면 : 저도 그렇게 생각했습니다.

맥클레인 목사 : 그 다음은?

노 면 : 아직 확실히 정하지는 못했습니다.

맥클레인 목사 : 확실히 정하기 위해 6년간 배운거 아니냐? (창문으로 가서 밖을 내다보며) 학위를 더 딸 셈이냐? 법학, 의학?

노 면 : 아닙니다.

맥클레인 목사 : 목사는 어떠냐?

노 면 : 교사직을 몇 군데 지원했습니다, 그리고…

맥클레인 목사 : 그래?

노 면 : 네, 대학교수 자리인데 아직 통보를 받은 건 없습니다.

맥클레인 목사 : 그래, 아직은 이르지. 근데, 넌 벌써 학생들을 가르쳐 본 경험이 있는거지? (의자에 기대어 앉는다.)

노 면 : 네.

맥클레인 목사 : 거기에서 보람을 느꼈니? 그러니까 가르치는 일이 네 소명이라고 느꼈느냔 말이다.

노 면 : 소명이요?

맥클레인 부인 : (목소리만) 저녁들 드세요.

- **The body fuels the mind.**
  육체가 건강해야 마음도 건강하다는 의미.

- **That's what I was thinking.**
  제 생각이 바로 그거예요.

- **apply for**
  지원하다.

- **rewarding**
  가치가 있는, 보람이 있는. (worthwhile)

- **that is to say**
  즉, 다시 말하면.
  앞의 말을 다른 방법으로 말하거나 (in other words, namely), 상술할 때.

- **calling** (job)
  종교적으로 하느님의 부름, 소명의 뜻에서 천직, 직업이란 뜻으로 쓰임.

- **break**
  휴식, 업무, 회의, 작업중의 잠시 동안의 휴식.
  * a break for coffee
    =a coffee break
    (잠시 커피 마시는 휴식시간)

잠시 커피 마시며 쉬고 합시다.
Let's have a coffee break.

♠ *INT. HELENA NEWSPAPER OFFICE. DAY*
Paul and other men are talking loudly.

EDITOR   : Pee in their pants?

PAUL   : If it's so funny, how come I'm not laughing? Yes, pee in their pants.

Norman enters the office.

NORMAN   : *(to a woman)* Paul Maclean?

WOMAN   : In there.

Men are talking and laughing. Norman stands by the door listens.

PAUL   : The Anaconda mine rules say no breaks, so they have to pee in their pants.

MAN #1   : What about the late George Masterson?

MAN #2   : Ooh, the grieving widow.

MAN #1   : I'll take that one.

PAUL   : You take the Anaconda.

EDITOR   : But I'm the boss, Maclean.

PAUL   : Fine by me, boss.

Paul notices Norman. He goes to the door to introduce his brother to the men.

PAUL   : Brother.

NORMAN   : Look at you.

PAUL   : Boys, this is my big brother, the professor.

NORMAN   : Gentlemen.

MEN   : Hi, there.

PAUL   : Come on.

♠ 내부. 헬레나 신문사. 낮
폴과 다른 사람들이 큰소리로 이야기하고 있다.

편집장 : 바지에 쉬를 해?
폴   : 그렇게 재미있는 거라면 내가 왜 안 웃겠어요. 그
        래요, 바지를 적셨다니까요.

노먼이 들어온다.

노 먼 : (여자에게) 폴 맥클레인 있습니까?
여 자 : 안에 있습니다.

웃으며 떠드는 소리. 노먼, 문 곁에 서서 기다린다.

폴   : 아나콘다 광산의 규칙이 '근무 중 휴식시간 무' 랍
        니다. 그래서 바지에 할 수 밖에 없다는 군요.
남자 1 : 고 죠지 매스터슨 이야기는 어때?
남자# 2 : 우우, 애도 중인 과부가 된 부인.
남자 1 : 내가 그 이야기를 쓰지.
폴   : 당신이 아나콘다 이야기를 쓰라구.
편집장 : 하지만 결정은 내가 하는 거야, 맥클레인.
폴   : 좋습니다.

폴이 노먼을 발견하고는 문으로 걸어가 형을 동료들에게 소개시킨다.

폴   : 형!
노 먼 : 근사하구나.
폴   : 여러분, 이분은 우리 형이예요. 교수님이죠.
노 먼 : 안녕하십니까?
남자들 : 반갑수다.
폴   : 갑시다.

■ mine
  광산.

■ **What about~?**
  ~은 어때?
  상대방 의 의향을 물어 ~은 어떻
  게 생각해? 의 표현 방법이다.
* What about joining us?
  (우리한테 합류하는게 어때?)
* What about me?
  (나는 어떻게 되지?)
* What about the locked door?
  (잠긴 문은 어떻게 되었지?)

■ the late
  작고한, 고(故).
* the late president Lee
  고 이대통령.

■ widow
  과부.

■ how come
  어째서, 왜?
  How did it come that 의 단축형
  으로 How come 다음에는 평서문
  이 의문 형태가 된다.
* How come you didn't come
  and see me yesterday?
  (왜 어제 나를 보러 오지 않았지?)
* How come I'm not laughing?
  여기에서 폴은 바지를 적시는 상황
  이 웃을 일이 아님을 말하고 있다.

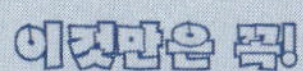

회의에 왜 늦었습니까?
How come you were late for the meeting?

They leave the office. They sit down at Paul's desk.

NORMAN : Thanks for coming to see me last night.

PAUL : I am sorry about that. Wanted to be there. Wanted to hear the old man say "Norman, could you come into my study, please?"

Laughing.

PAUL : Jeez, the professor. We should celebrate. Yeah.

Paul takes out a bottle of alcohol.

NORMAN : A little early for me.

PAUL : Oh, the east is making you soft.

NORMAN : Is that right?

Norman takes a drink and grimaces.

PAUL : Do much fishing out east?

NORMAN : None.

PAUL : None? Well, what do you say? Big Blackfoot.

The men grin at each other in anticipation.

♠ *EXT. THE BIG BLACKFOOT RIVER. DAY*
Two brothers are walking through the woods, talking.

PAUL : You set?

NORMAN : Yeah.

PAUL : Why don't you take this hole?

사무실을 나와 폴의 책상쪽으로 간다.

노 먼 : 어제 날 보러 와줘서 아주 고마웠어!
폴 : 미안해 나도 가보고 싶었어. 노인네가 이렇게 말
하는 것도 듣고 싶었구. "노먼, 내 방으로 좀 들
어오겠니?"

같이 웃는다.

폴 : 세상에, 교수라.. 축하를 해야지. 그럼.

술병을 꺼낸다.

노 먼 : 마시기엔 너무 시간이 일러.
폴 : 동부에 가더니 샌님이 됐군.
노 먼 : 그런가?

노먼이 술을 마시고는 얼굴을 찡그린다.

폴 : 거기서도 낚시 많이해?
노 먼 : 아니.
폴 : 아니라구? 그렇다면 빅 블랙풋에 가지 않을래?

기대에 찬 듯 같이 쳐다보며 미소를 짓는다.

♠ 외부. 빅 블랙풋강. 낮
폴과 노먼이 이야기를 나누며 숲 속을 걸어오고 있다.

폴 : 준비됐어?
노 먼 : 응.
폴 : 여기서 하지 그래?

■ study
서재.

■ Jeez
세상에, 깜작이야, 놀랬어.
가벼운 놀라움 · 실망을 나타냄.

■ the east
(미국) 동부.

■ What do you say?
상대방의 의향을 물어 〈~은〉 어떻
습니까?
* Maybe we can prepare a
surprise party for Hanna. What
do you say?
(우리가 한나에게 깜싹 생일 파티를
해주면 어떨까?)

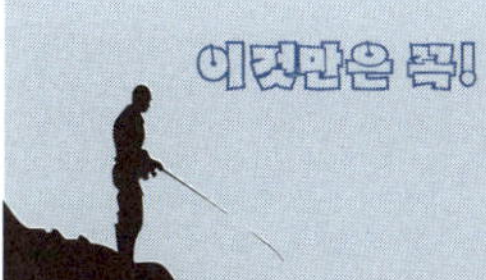

어떻게 생각하세요?
What do you say?

NORMAN   : No, that's all right.
PAUL   : No, no, It's a good hole.

Paul stands, watching the river with a sense of wonder and fondness.
Casts line.

PAUL   : *(to Norman)* **Too tight. Try a roll cast.**

Norman looks at Paul. Disgusted grunt.
Recasts and Norman begins with some trouble.

PAUL   : The fish are out further. Just a little... further. Cast your line into the current. It'll give you a better base. Add some distance. You're just rusty, that's all.

Norman does not look at Paul. Paul wanders down stream, out of sight of Norman. Norman tries again. Slow motion. He catches a huge fish and struggles to get it in. He gets it and is satisfied. He moves to watch Paul casting.

NARRATOR: He called it shadow casting – keeping his line above water long enough and low enough to make a rainbow rise. And I realized that in the time I was away my brother had become an artist.

노 먼 : 아니, 됐어.

폴 : 아니, 여기가 좋은 자리라니까.

폴이 서서 경이로움과 애정을 담은 눈으로 강을 바라본다. 낚시 줄을 던진다.

폴 : (노먼에게) 너무 빡빡해. 롤 캐스팅을 해봐.

노먼, 폴을 불편하게 쳐다본다. 불평하는 소리.
다시 던지지만 또 실패한다.

폴 : 고기는 저 멀리 있어. 조금 더... 멀리 던져. 줄을 조금 더 멀리 물살 속으로 던져야 돼. 좀 거리를 두어봐. 형 솜씨가 좀 녹이 슬어서 그런 것 뿐이야.

노먼은 폴을 보지 않는다. 폴은 노먼이 안 보이는 곳으로 강을 따라 내려간다. 노먼이 다시 시도하는 모습을 천천히 보여준다. 고기가 물리자 열심히 낚시 줄을 조정한다. 고기를 잡고는 만족스러워 하는 노먼. 폴이 있는 곳으로 가다가 멀리 서서 동생이 줄을 던지는 모습을 바라본다.

나래이터: 동생은 자기의 방법을 그림자 던지기라고 불렀다. 줄을 수면위로 최대한 길게 그리고 낮게 드리워 무지개송어를 유인하는 방법이었다. 그 때 나는 내가 떠나있는 동안 동생이 예술가가 되어 있음을 깨달았다.

■ roll casting
일반적인 캐스팅이 불가능한 상황에서 사용되는 캐스팅 방법으로 후방에 절벽이나 나무 가지 등의 장애물이 있을 때 주로 쓰인다. 라인을 앞쪽으로 일직선이 되게 늘어놓고 대를 서서히 들어 라인을 당기면서 대가 1시 방향에 오도록 하고 라인이 어깨 너머 뒤쪽으로 넘어 가는 상태에서 대를 순간적으로 앞쪽 10시 방향으로 밀어 라인이 원을 그리며 마치 굴렁쇠가 굴러가는 것처럼 앞쪽으로 나가게 하는 캐스팅 방법.

■ the current
물살, 흐름(stream).

■ call A B
A를 B라고 부른다.
* Hello, my name is Paul Smith.
Call me Paul.
(안녕하세요. 저는 폴 스미스입니다. 그냥 폴이라 부르세요.)

■ enough to
~하는데 충분한, 족한.

4 In the Awakened Memories

♠ *EXT. STEPS OF THE MISSOULA LIBRARY. NIGHT*
Men are talking and smoking.

NORMAN　: And one day my coach comes up to me and says
　　　　　　"Mac, how'd you like to meet John L. Sullivan?"
MEN　　　: No.
NORMAN　: Yes, the John L. Sullivan, the last bare-knuckle
　　　　　　champion of the world.

The men are laughing. Close-up shots of the friends of Norman.

NARRATOR: It was then I knew I was home. Standing on the
　　　　　　steps of the Missoula Library once again late at
　　　　　　night, telling stories to the same boys who had sat
　　　　　　there and listened a hundred times before and
　　　　　　who had, in my absence, become men.

♠ 외부. 미줄라도서관 계단 앞. 밤
노먼과 친구들이 모여있다.

노 먼 : 그런데 어느 날 코치가 날 부르더니 "맥, 존 엘
　　　　설리반을 한번 만나보지 않을래?"하는 거야.

친 구 : 설마 존 설리반을?

노 먼 : 그렇다니까. 맨주먹으로 싸운 최후의 챔피언인
　　　　그 존 설리반 말이야.

웃음소리. 옛친구들의 모습을 클로즈업으로 보여준다.

나래이터: 옛날처럼 늦은 밤에 미줄라 도서관 계단에서
　　　　내가 떠나있던 사이에 어른이 되어 버린 바로
　　　　그 옛 친구들과 수 백 번도 더 들었을 옛 이야
　　　　기를 나누니까 그제야 나는 내가 집에 돌아 왔
　　　　다는 실감이 났다.

■ the John L. Sullivan
바로 그 설리반.
특징을 설명하는 형용사를 동반
할 경우 인명 앞에 the를 쓰기도
한다.
cf) the ambitious Caesar

■ It was then I knew
내가 안 것은 바로 그 때였다.
어떤 행동이나 사건의 시기, 시점
을 강조해서 말할 때 It is~that
~의 문형을 사용한다.
* It was on Sunday that I got
married.
(내가 결혼한 것은 일요일이다.)

■ absence
부재, 결석, 불참.
in one's absence. 부재 중에.

NORMAN : It just goes to show you, the world is full of
         bastards.

They all laugh and smoke.

ALL   : The number increasing rapidly, the further one
            gets from Missoula, Montana. Amen.
MAN# 1   : See, Professor, that's why you need to stick
            around here from now on.
MAN# 2   : Hey, where's the gargle?
NORMAN   : Yes, pass it this way.
CHUB   : *(stands close to Norman)* I'm taking you to the Fourth
            of July dance. Every girl you need to know will be
            there without her Mama. Find you a little Sheba.

All laugh and holler.

PAUL   : Well, gentlemen, it's been swell.

Paul smiles distantly, then casually saunters off.

NORMAN   : Where you going?
MAN# 1   : Heavy date, Pauly?
MAN# 2   : With a poker table.
MAN# 1   : You see them new signs on the way down, Pauly?
CHUB, MAN#1, MAN#2: "Does your husband misbehave?
            Grunt and grumble, rant and rave? Well, shoot
            that brute some Burma Shave." *(Guys laughing)*

노 먼 : 세상엔 못된 녀석들 투성이라는 생각밖에 안 들 더라구.

모두 웃고, 담배를 핀다.

모 두 : 그 숫자가 늘수록 사람들은 몬타나주 미줄라의 순진함에서 멀어지노라. 아멘!
친구# 1 : 것 봐, 교수양반, 그러니까 이제부터 여길 뜨지 말고 눌러 살아야 하는 거라구.
친구# 2 : 입가심할 술은 없나?
노 먼 : 좋지! 이쪽으로 돌려.
쳐 브 : (노먼에게 다가서서) 독립기념일 댄스 파티에 내가 데려가 줄게. 거기가면 네가 보고싶어하는 여자 들을 다 볼 수 있다고. 엄마 빼고 말이지. 가서 시바 여왕을 한번 구해 보라구.

모두 야유하며 웃는다.

폴 : 자, 신사 분들, 재미있었어. 난 그만 가봐야겠어.

폴, 무심한 듯 웃으며 자리를 뜬다.

노 먼 : 어디 가는거야?
친구# 1 : 화끈한 데이트라고 있어?
친구# 2 : 포카판하고?
친구# 1 : 가는 길에 세워진 새 광고 간판 봤지, 폴?
친구들 : "남편이 눈에 거슬리는 행동을 합니까? 소란을 피우고 투덜거리며 큰소리 칩니까? 그럴 때는 짐승같은 남편에게 발라주세요. 버어마 셰이브."
(웃는다.)

■ **it goes to show**
　～임을 증명하다, 보여주다.

■ **the further**
　the+비교급, the+비교급.
　더～ 할수록, 더 ～해진다.
＊ The more, the better.
　(많을 수록 더 좋다.)

■ **gargle**
　맥주 등 술 한 잔 (속어).

■ **Sheba**
　시바의 여왕. Solomon 왕의 지혜 를 시험해 보러 간 여왕으로 구어 체에서 매력있는 미녀의 뜻으로 쓰임.

■ **It's been swell.**
　재미있었어.

■ **Burma Shave:**
　당시 버어마 셰이브(면도로션)로 그 광고 방법이 화제가 된 유명한 제품이다. 영화에 나온 것 같은 재 미있는 광고 문안을 한 단어씩 따 로 따로 간판에 써서 고속도로나 길 가에 띄엄 띄엄 세움으로써 운 전자들이나 여행자들의 호기심과 기대감을 극대화시킨 후 마지막에 〈버어마 셰이브〉라는 제품명을 부 각시킨 수법을 썼음.

■ **stick around**
= not go away.
　(떠나지 않고) 곁에 있다.
　stay near at hand.
＊ Stick around until the doctor
　comes.
　(의사가 올때까지 환자곁에 있어 요.)

Paul drives away in his car.

NORMAN   : The road to where?
CHUB   : Lolo.
MAN# 1   : Lolo Hot Spring.

♠ *INT. MACLEAN'S CHURCH. DAY*

NARRATOR: Being back in my father's church seemed to complete my return. More than anything else I realized it was My father's words that made me feel most at home.

Camera pans the church congregations and settles on Norman, his mother, and the pastor.

REV. MACLEAN : ...and in the glow of awakened memories when the deepest feelings of the heart are all astir, we are reminded of the poet who sings "Backward, turn backward, O Time, in your flight, make me a child again, just for tonight."

♠ *EXT. DANCING PARTY. NIGHT*
20's dance music playing. A party is in full swing on the lawn and in a well-lit gazebo where a live band is playing. Everyone is dancing and having fun.

CHUB   : Recognize anybody?
NORMAN   : Well, uh...
CHUB   : Oh, you've been gone too long, son.

폴이 차를 몰고 간다.

노 먼 : 어디로 가는 길인데?
쳐 브 : 롤로.
친구# 1 : 롤로 온천.

♠ 내부. 맥클레인 목사 교회 안. 낮

나래이터: 아버지의 교회에 돌아와 있으니 내가 집에 온
         사실이 더욱 완벽히 느껴졌다. 무엇보다도 나를
         가장 편안하게 해준 것은 아버지의 설교임을 나
         는 알았다.

카메라팬이 교회 회중을 비치고 노먼과, 어머니 그리고 목사의 얼
굴에 머문다.

맥클레인 목사 : ....마음속 깊은 곳에 잠자던 느낌들이 깨
              어나 기억을 되살리면 우리는 이렇게 노래
              한 시인이 생각납니다. "과거로, 과거로
              시간이여 거슬러 날아가다오. 다시 어린
              시절로 돌이켜 다오, 오늘 밤 한번만이라
              도."

♠ 외부. 독립기념일 댄스파티장. 밤
20년대 댄스음악. 파티가 한창이다. 불을 밝힌 정자에서는 밴드가
연주를 하고 사람들은 춤을 추고 즐기고 있다.

쳐 브 : 아는 사람 있어?
노 먼 : 글쎄....
쳐 브 : 너무 오래 떨어져있어서 그래.

■ More than anything else
  무엇보다도.

■ be reminded of
  remind A of B.
  A에게 B를 생각나게 하다.

■ recognize anybody?
  아는 사람 있어?
  알아보다, 분간하다의 뜻 외에 대
  상(사물,사건)을 인정하다라는 뜻
  으로 사용되기도 한다.
* I recognized his step.
  (발소리를 듣고 그 사람이란 걸
  알았어.)
* She recognized defeat.
  (그녀는 패배를 인정했다.)

■ make me feel (most) at home
  집에 있음을 (가장) 실감나게 해주
  다. 편안하게 해주다.
* Please make yourself at home.
  (〈스스럼없이〉 편히 생각하세요.)
  손님이 집에 왔을때, 누군가 긴장
  할 때 해주는 말.

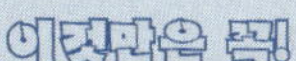

아버지의 말씀이 나를 편안히 해주었다.

My father's words made me feel at home.

Norman watches a young woman dancing lively in a yellow dress.

NORMAN   : Who's that?
CHUB   : Who?
NORMAN   : There.

The men tease Norman.

CHUB   : Yeah? Little infatuation?
NORMAN   : Chub, who is that?
CHUB   : Jessie Burns from Wolf Creek. Got a brother who
                 went to Hollywood.
NORMAN   : Jessie Burns.

Close-up shot of Norman intently watching Jessie.
He shyly goes over to her.

NORMAN   : Excuse me, would you like to dance?
JESSIE   : Oh, God, would you be a doll and get us a drink?

She turns away from him.

GIRL   : Jessie, who's that?

She shrugs in unconcern and keeps dancing.
Norman walks over to the punch table. Chub grins at Norman.

WOMAN   : Here you are. *(hands Norman a drink)*

Norman comes back to Jessie and gives her the drink.

NORMAN   : Here you go.

노먼이 노란 옷을 입고 신나게 춤을 추는 여자를 바라본다.

노 먼 : 저 여자애 누구야?
처 브 : 누구?
노 먼 : 저쪽에.

친구들 노먼을 놀린다.

처 브 : 반했군 그래.
노 먼 : 처브, 누구냐니까?
처 브 : 울프 크릭에 사는 제시 번즈야. 그녀 오빠는 헐리
우드에 있지.
노 먼 : 제시 번즈.

제시를 뚫어지게 바라보는 노먼의 얼굴이 클로즈업된다.
노먼 제시에게 어색하게 다가간다.

노 먼 : 실례하지만, 같이 추시겠어요?
제 시 : 기사도를 발휘해 마실 것 좀 가져다주시겠어요?

노먼에게서 돌아선다.

여 자 : 제시, 저 사람 누구야?

제시는 관심 없다는 듯 어깨를 움찔하고는 계속 춤을 춘다. 노먼이
펀치 테이블에 가서 술을 청한다. 처브가 노먼을 보고 웃는다.

여 자 : 여기 있어요. (노먼에게 잔을 준다.)

노먼 제시에게로 돌아와 잔을 준다.

노 먼 : 여기 있습니다.

■ infatuated
= charmed
~에 빠진, 반한, 매료된.

■ Would you like to dance?
춤추실 까요?
would you~? 는 상대방에게 정
중한 의뢰나 권유를 할 때 쓰는 표
현으로 ~하여 주시기 않겠습니
까? 의 뜻이다.
* Would you please help me?
(저 좀 도와 주시겠어요?)
* Would you mind showing me
the way?
(길을 가리켜 주시겠습니까?)

■ doll
멋진 남자. 선심쓰는 사람.

■ Here you are.
여기 있습니다.
(Here you go.)

■ get
흔히 파티나 레스트랑에서 음식을
가져다 줄 때 하는 말.
* I will go get some ice cream
for you.
(가서 아이스크림 좀 가져나 줄게.)

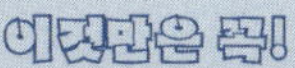

마실것 좀 가져다 주시겠어요?

Would you get us a drink?

JESSIE   : Oh, great. You're a lifesaver. *(spills a little)* Oop.
              How ladylike. I have to be careful or I'll wipe off all
              the powder. Phantom of the Opera. *(She laughs.*
              They stand together uncomfortably.)

A woman sings to the band.

SINGING   : Pack up all my care and woe, Here I go, singing
              low, Bye-bye blackbird...
NORMAN   : You know, I heard Louis Armstrong sing this song
              in a little talk in Greenwich Village, New York.
JESSIE   : Really?
NORMAN   : Best jazz in the world. Colored jazz, you know, the
              real McCoy, not like Paul Whitman or the Kliquot
              Club Eskimos.
JESSIE   : My mother loves the Kliquot Club Eskimos.

He looks embarrassed.

NORMAN   : Does she?

She just stares at him. He puts the drinks down.

NORMAN   : Dance?
JESSIE   : Yeah.

They begin to slow dance, but are interrupted.

MAN   : Yowsa, yowsa, yowsa. Let the fireworks begin.

Fireworks exploding.

제 시 : 아, 구세주예요. (마시다가 약간 흘린다.) 어머. 여
자답지 못하게.. 조심해야지, 화장 다 지워질 뻔
했네. "오페라의 유령"처럼 말예요. (웃는다. 둘이
어색하게 서있다.)

여자가 밴드에 맞춰 노래 부른다.

노래소리: 내 모든 근심, 고통가지고
　　　　　나는 낮게 노래하며 떠나가요.
　　　　　안녕, 안녕, 블랙버드...
노 면 : 루이 암스트롱이 이 노래 부르는걸 들었어요. 뉴
욕 그리니치 빌리지에서 들은 적이 있어요.
제 시 : 정말요?
노 면 : 세계 최고의 정통재즈 음악가죠. 진짜 흑인 재즈
말에요. 폴 위트만이나 클리코 클럽 에스키모하
고는 틀려요.
제 시 : 우리 엄마는 그 그룹을 좋아하세요.

노면 난처하다.

노 면 : 그러세요?

제시는 노면을 빠히 쳐다본다. 노면, 잔을 내려놓는다.

노 면 : 추시겠어요?
제 시 : 네.

춤을 추기 시작하자마자 남자의 소리.

남 자 : 모두 집중 해주세요. 불꽃놀이가 시작됩니다.

폭죽이 밤하늘에 버신나.

■ The Phantom of the Opera
「오페라의 유령.」
프랑스의 추리작가 가스통 르루
(Gaston Leroux)가 1910년에 발
표한 소설로 영국의 작곡가 앤드루
L. 웨버(Andrew L. Webber)가
뮤지컬로 만들기도 했다.

■ pack up
짐 등을 꾸리다, 포장하다.

■ firework
불꽃놀이.

■ ladylike
정숙한. like는 명사에 자유롭게
붙여서 형용사를 만든다.
~같은, ~다운의 뜻.
cf) womanlike, businesslike
* How ladylike!
(남에게 해주는 말일 경우)
정말 숙녀답군요.
(스스로에게 하는 말)
이런 숙녀답지 못히게!

정말 숙녀답군요.

How ladylike!

GIRL   : Jessie, come on. Jessie.

Girl leads Jessie away. She turns and they look at each other.

♠ *INT. MACLEAN'S HOUSE. NIGHT*
Mrs. Maclean is talking on the phone.

MRS. MACLEAN: What a wonderful idea. What better lesson
              for those girls than a trip to the reservation
              to learn a real Christian message of giving.
              Don't you think? I'll organize it. Don't lift a
              finger. Oh, thank you, Eva. This is the most
              charitable idea I've heard in years.

Norman enters and starts to walk up the steps.

MRS. MACLEAN: *(to Norman)* Do you know those Indian children
              don't even have shoes, Norman? You
              waiting for the phone?
NORMAN   : No, I don't have to.
MRS. MACLEAN: No, No, you go ahead. *(She leaves.)*
NORMAN   : Okay. If you need to use it....
MRS. MACLEAN: No, no, no, I've work to do.

Norman sits down on the chair and dials the operator.
Close-up shot of Norman on the phone.

NORMAN   : Hello, Mrs. Hatcher. Hello, Mrs. Hatcher, I'd
              like... Oh, she's fine. I'd like... Yes, they're
              fine, everybody's fine. They're all fine, Mrs.
              Hatcher. I'd like the Burns residence in Wolf
              Creek, please. Yes, Mrs. Hatcher, I know it's

여 자 : 제시, 빨리 가보자.

친구가 제시를 데리고 간다. 제시 따라가며 뒤돌아 노먼을 한번 쳐
다본다.

♠ 내부. 맥클레인 목사 집. 밤
맥클레인 부인이 전화를 하고 있다.

맥클레인 부인: 정말 좋은 생각이네요. 여자아이들이 사랑
　　　　　　　은 베푸는 거라는 성탄의 진정한 의미를
　　　　　　　배우는 데 인디언 보호구역 방문만큼 좋은
　　　　　　　건 없지요. 그렇게 생각 안 해요? 준비는
　　　　　　　제가 다 할께요. 그냥 오시기만 하세요.
　　　　　　　고마워요, 에바. 지금까지 이렇게 사랑을
　　　　　　　실천할 생각을 한 사람이 없었는데.

노먼이 들어와 2층으로 올라간다.

맥클레인 부인: (노먼에게) 인디언 애들이 신발도 없다는
　　　　　　　거 아니? 전화 쓸 거야?
노 먼 　　　 : 아니예요.
맥클레인 부인: 아니다, 쓰거라. (어머니가 나간다.)
노 먼 　　　 : 괜찮아요, 어머니 쓰실거면....
맥클레인 부인: 아냐, 아냐. 엄만 할 일이 있단다.

노먼이 의자에 앉아 교환수에게 전화를 돌린다.
전화를 하고있는 노먼의 얼굴이 클로즈업 된다.

노 먼 : 해쳐 부인, 해쳐 부인이세요? 안녕하세요? 저
　　　　화를... 네, 잘 계십니다. 전화를... 네, 다들 안
　　　　녕하십니다. 다들 잘 계세요, 해쳐부인. 전화를

■ reservation
(미)(Indian~)미국 원주민
(인디안)들을 위한 정부지정 보호
거주지.

■ charitable
자비로운, 자선을 베푸는, 기독교
적인 사랑을 나타내는, 관용을 베
푸는.
charity: 성서에서 말하는 사랑(아
가페)의 가장 가까운 영어표현.

■ in years
수년동안, 몇 년 동안.
불특정한 수는 복수로 한다.
tens (hundredss)of people
:수십(수백)명의 사람들.

■ wait for
~을 기다리다.

■ go ahead
~을 하라고 권유할때 쓰는 말.

■ lift a finger
(=lift a hand)
노력하나. 도와주다.
(make an offort, assist)

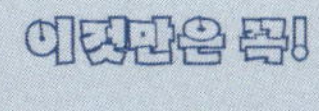

손가락 하나 까닥 말고 가만 계세요.

Don't lift a finger.

long distance. Thank you. *(pause)* Hello, is Jessie there? Oh, this is Norman Maclean, But I don't think she.... Hello. No, I'm the one who brought you the drink. Mm-hmm. No, we didn't get a chance. The fireworks started and, well... we talked about music. And I said I heard Louis Armstrong sing the... Yeah, that's me. Yeah, I was just a little nervous, hmm? Well, because... You were so je ne sais quoi. And I thought maybe I could come over and listen to the Kliquot Club Eskimos with your mother. Yes. Uh-huh. Well, actually, I called because I wanted to see you again. Well, um, how about Saturday? Uh, 8:00? Okay... Okay. Then I'll see you then. Bye. *(Norman hangs up the phone, smiling.)*

♠ *EXT. STREET. NIGHT*
Drunken singing.
Norman and Jessie are walking down a street, arm-in-arm.

PAUL   : Hey, here they are.

Paul approaches with a Native American girl on his arm.

NORMAN : Brother.
PAUL   : Hi.
JESSIE   : Hi.
NORMAN : Jessie, this is my baby brother Paul. And this is Monasita.

하려고 하는데, 울프 크릭마을의 번즈씨 댁을
연결해 주세요. 네, 해쳐부인, 장거리라는 거 알
고 있습니다. 네, 고맙습니다. (잠시 기다린다.) 여
보세요? 제시 있습니까? 전 노먼 맥클레인입니
다. 저를 잘 모를..... 여보세요? 아니. 당신한테
마실거 갖다줬던.... 아니에요. 춤은 같이 못 추
었죠, 불꽃놀이 때문에... 음악에 대해서 얘기했
었어요. 루이 암스트롱 노래를 들었다고 했던
사람인데..... 네, 그게 바로 저예요. 제가 좀 긴
장했었죠...... 당신이 어떤 사람인지 몰라서. 댁
에 가서 어머니와 함께 클리코 클럽 에스키모의
노래를 듣고 싶군요. 저, 사실은, 다시 만나고
싶어서 전화했어요. 저어...... 토요일 어때요?
8시? 좋아요... 좋아요. 그럼 그때 만나죠.
잘 있어요. (노먼은 전화를 끊고 미소 짓는다.)

♠ 외부. 길거리. 밤
술 취한 노랫소리.
노먼과 제시가 팔장을 끼고 길을 걸어오고 있다.

폴   : 형이 벌써 왔군.

폴이 미국원주민 여자와 다정히 다가온다.

노 먼   : 폴!
폴   : 안녕하세요?
제 시   : 안녕하세요?
노 먼   : 폴, 제시. 이쪽은 내 동생 폴이예요. 그리고 이
           쪽은 모나시타.

■long distance
= a long distance call 장거리 전화.

■I am the one who~
바로 내가 ~한 사람 입니다.

■bring you the drink
bring A B
bring B to(for) A
: B를 A에게 가져오다.

■That's me.
그게 바로 저예요.

■je ne sais quoi
(=I don' t know what) 불어.
형언하기 어려운 것.

■This is my baby brother Paul.
내 동생 폴입니다.
사람을 소개할때 this를 쓴다.

■nervous
긴장한.
긴장해서 속이 불편한 경우.
I've got butterflies in my
stomach 라는 표현을 쓴다.
* I am nervous. I've got
butterflies in my stomach.
(긴장돼서 속이 이상해요.)

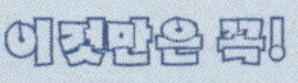

좀 긴장했었습니다.

I was just a little nervous.

MABEL   : Mabel.

JESSIE   : Hi.

PAUL   : Shall we?

Paul Knocks on the door. A man opens the door. They enter the dance club together.

MAN   : What do you say, Pauly?

MURPHY   : Hey, Pauly.

PAUL   : Murph. *(Group walks in.)*

MAN   : *(to Norman)* Preacher!

JESSIE   : Preacher?

NORMAN   : How are you, Murph? *(shakes hand.)*

MURPHY   : Long time, long time.

NORMAN   : Good to see you.

MURPHY   : *(to Paul)* Uh, you know the house rules as good as I do, Paul. No Indians period.

PAUL   : I just flat don't like the house rules, Murphy. *(reaches for Mabel's hand)*

MABEL   : Me neither.

MURPHY   : What are you going to make me do here, Pauly? *(looking at Mabel)*

PAUL   : Just get us a table for four. *(After looking at Norman, resignedly)*

MURPHY   : Last time, Paul. *(lets the group pass)*

People in the club look at them and Mabel disapprovingly.

PAUL   : Hello, Judge. *(pats him on the arm.)* You can get him back. Get drunk and dance naked on his table.

메이블 : 메이블 이예요.
제 시 : 안녕하세요?
폴   : 들어가죠.

폴이 문을 두드린다. 남자가 문을 열어준다. 모두 댄스 클럽으로 들어간다.

남 자 : 뭐하는거야? 폴.
머 피 : 폴!
폴   : 머피. (일행 모두 들어온다.)
머 피 : (노먼에게) 목사왔구먼.
제 시 : 목사?
노 먼 : 잘 있었어요, 머피? (악수를 한다.)
머 피 : 정말 오랜만이군.
노 먼 : 다시 만나 반가워요.
머 피 : (폴에게) 우리집 규정은 엄하다구, 인디언 출입은 안돼. 절대.
폴   : 난 이 집 규정이 한마디로 마음에 안 들어요. (메이블의 손을 잡는다.)
메이블 : 나도요.
머 피 : 나보고 어떻게 하란 말이야, 폴? (메이블을 쳐다본다.)
폴   : 그냥 자리 네 개 만 만들어주면 돼요. (노먼을 쳐다본다. 노먼이 폴과 같은 뜻임을 알고는 할 수 없다는 듯이)
머 피 : 이게 마지막이야. 폴. (일행을 안으로 들여보낸다.)

사람들이 못마땅한 듯 폴과 메이블을 바라본다.

폴   : 안녕하쇼, 판사님! (팔을 두드려 준다.) 저 녀석을 만취하게 만들어서 상위에 올라가 나체 춤을 추게

■ shall we?
  ~ 하실까요?

■ Long time, long time.
  오래간만이군.
  I haven't seen you for a long time을 구어체에서는 보통 long time no see의 표현을 많이 쓴다.

■ Indian= native American
  미국 원주민. 이제는 더 이상 인디안이라는 말을 쓰지 않는다. 콜럼버스가 미국을 인도로 착각해서 미국 원주민을 인디안(인도사람)이라고 부른 것이므로 그 명칭이 옳지 않기 때문이다. Black(흑인)이라는 말도 이제는 더 이상 쓰지 않는다. 조상을 밝히기 위해 Afro-American이라고 쓰기도 한다.

■ flat
  전적으로, 아주, 완전하게 뜻.
* Flatly and without emotion he answered the question.
  (단호하게 그리고 감정을 전혀 드러내지 않고 그는 질문에 답했다.)

■ a table for four
  네사람이 앉을 자리. (for)를 사용한다

(Mabel and Paul walk down stairs)

MABEL   : I'll beat the hell out of the son of a bitch.
PAUL   : They've got some swell hootch here.

Paul takes off his hat and takes a cigarette out of his mouth. He sits next to Mabel.

PAUL   : They even wash the glasses.

Paul looks at people at another table.

WAITRESS : Drink?
PAUL   : What'll it be, Jessie? Jessie?
JESSIE   : I'll have a martini, Paul. It is Paul?
PAUL   : Righty-o. The usual for Norm, gin and prune juice.
NORMAN   : Make that a double.

Waitress walks away.

MABEL   : Excuse me. *(Waitress turns and looks coldly)* I'd like to
                 order a drink, too. Whiskey, double. *(Waitress walks
                 away)*
NORMAN   : *(to Mabel)* So, what are you doing now, Mabel?
MABEL   : I sell bait.
NORMAN   : ......
JESSIE   : *(to Mabel)* You know, you have the most beautiful
                 hair I've ever seen.
MABEL   : You think I should get it bobbed?
JESSIE   : *(shaking her head)* No, no, not in a million years.

만들어 주라구. (폴과 메이블이 자리로 간다.)

메이블 : 저런 자식은 혼내줘야 해.

폴 　 : 여기서 기막힌 밀주를 팔지.

폴은 모자를 벗고, 입에 물었던 담배를 내려놓는다. 메이블 옆에 앉는다.

폴 　 : 모두들 잔 바닥까지 핥는다구.

폴이 다른 테이블의 사람들을 한번 둘러본다.

여종업원: 뭘로 드릴까요?

폴 　 : 뭘로 하시겠어요? 제시, 제시 맞죠?

제 시 : 마티니요. 폴, 폴이 맞죠?

폴 　 : 맞아요. 형은 늘 하던 대로 자두 주스 섞은 진으로..

노 면 : 더블로 줘요.

웨이트레스가 돌아선다.

메이블 : 잠깐요. (웨이트레스가 돌아서서 냉냉한 얼굴로 쳐다본다.) 나도 술 시키겠어요. 위스키 더블이요. (웨이트레스 말없이 돌아서 간다.)

노 면 : (메이블에게) 무슨 일을 하시죠?

메이블 : 미끼 장사해요.

노 면 : .....

제 시 : (메이블에게) 여지껏 당신처럼 아름다운 머리를 가진 사람 못 봤어요.

메이블 : 머리를 자르는 게 좋을까요?

제 시 : (고개를 저으며) 아니, 절대 그러지 마세요.

■ drink
마실 것. 음료, 주류.

■ What are you doing?
지금 뭘 하시죠? (직업을 물어볼 때. = What do you do?

■ get one's hair bobbed
머리를 짧게 자르다, 단발로 자르다.

■ not in a million years
직역하면 백만년이 지나도 안 된다는 뜻으로, 절대 머리를 자르지 말라는 의미이다.

■ the usual
평소의 것, 늘 정해진 것.
my usual 나의 평소의 것.
(음료 등) 평소의 일이나 물건, 말 또는 평소 즐기는 술, 음식 등을 지칭할 때 the (one's) usual의 표현을 사용한다.
my usual:나의 평소의 것(음료 등)

* What are you going to do Friday night?
(금요일 밤에 뭐할 거니?)
My usual. a movie!
(똑같지 뭐. 영화보려구.)

* He ordered his usual breakfast.
(늘 먹넌 아침식사를 주문했디.)

노면에게는 늘 마시는 걸로 주세요.

The usual for Norm.

Mabel looks at Paul and smiles.

PAUL   : *(raising the glass)* **Ah, well...**
NORMAN   : **My candle burns at both its ends. It will not last the night. But, ah, my foes, and, oh, my friends, it gives a lovely light.**
MABEL   : **That's nice.**

Group raises their glasses to the toast.
Two ladies are shown talking. Music.

PAUL   : *(Paul takes a drink)* **How about to my editor, the old f... the old** curmudgeon, **excuse me. He took me off the Anaconda story today.** *(to Jessie)* **I'm a reporter at the** bee.
JESSIE   : **I know.**
NORMAN   : **How?**
PAUL   : **Oh, I'm famous.**
JESSIE   : **Fishing newspaperman.**
NORMAN   : **You know he fishes too?**
JESSIE   : **I thought everybody knew.**
PAUL   : **Brother,** you been away **a long time.**
NORMAN   : **I'd say so.**
PAUL   : **Anyway, it seems my editor...**
JESSIE   : **The old curmudgeon?**
PAUL   : **Yes, exactly. Has been getting calls. No names, just threats.**
JESSIE   : **Real threats?**

메이블이 폴을 쳐다보며 웃는다.

폴   : (술잔을 들면) 자.. 그럼
노 먼   : (시를 낭송한다.) 나의 초는 양쪽에서 타들어 갑
            니다. 비록 밤새 불을 밝힐 수는 없지만, 오,
            적과 친구들이여, 내 초는 찬란히 아름다운 빛
            을 냅니다.
메이블   : 근사해요.

모두 건배를 한다.
여자들이 이야기하는 모습. 음악소리.

폴   : (잔을 들며) 우리 편집장을 위해, 그 늙은 노...미
            안합니다, 그 노랭이 편집장을 위하여. 그 사람
            이 나보고 오늘 아나콘다 이야기를 쓰지 말라
            는 거야. (제시에게) 난 신문기자예요.
제 시   : 알아요.
노 먼   : 어떻게 알아요?
폴   : 난 유명하다니까.
제 시   : 어부기자로요.
노 먼   : 낚시하는 것도 아세요?
제 시   : 누구나 다 알고 있는데.
폴   : 형은 너무 오래 떨어져 있었다구.
노 먼   : 그런 거 같다.
폴   : 어쨌든, 그 편집장이..
제 시   : 그 노랭이 노인네 말이죠?
폴   : 바로 맞아요, 그 자가 계속 전화를 받는데 이름
            두 밝히지 않고 협박만 한답니다.
제 시   : 진짜 협박이요?

■ my candle burns at both its ends.
회화체에서는 자기 자신을 혹사하
다, 무리를 하다의 뜻으로 사용된
다.
cf) Edna St. Vincent Millay의 시.

■ curmudgeon
노랑이. 구두쇠.

■ bee
(일, 오락을 위한) 모임.
a meeting of people for
working at something together
for competition or amusement
(a spelling bee, sewing bee.)
* She was the winner of the
spelling bee.
(그녀는 철자 맞추기 시합에서 우
승했다.)

■ you been away
you have been away.
be away 어디 가서 없다.

■ I'd say so.
그렇게 말해야겠군.
상대방의 말에 동의할 때 하는 말.

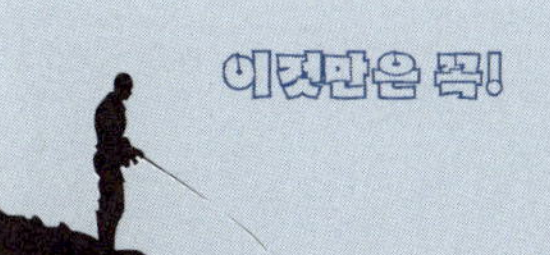

그런 것 같군요.

I'd say so.

PAUL   : Well, it's nice to know. You're touching a nerve
              button.
JESSIE   : Well, what did they say?
PAUL   : Hmm?
JESSIE   : What did they say?
NORMAN   : Hmm?
JESSIE   : What did they say?
NORMAN   : You'll have to cut it out of him.
PAUL   : The usual. Some of the boys will come down and
              pay me a little visit.
JESSIE   : Fit you with a pair of concrete galoshes, see?
PAUL   : Exactly. *(looking at Jessie for a short while and then to
              Mabel)* I have to dance.

*Paul takes Mabel's hand. They walk with their arms around each other
onto the dance floor and start dancing.*

MAN   : Hey, hey. Watch out.

Paul and Mabel get disapproving looks.

MUSICIAN : And now "the muskrat ramble."

*Music starts. Paul spins Mabel into a table.
Glasses clatter. Slow music starts.*

NORMAN   : I'm nowhere near as good as my brother, but
               would you do me the honor?
JESSIE   : I'd love to.

Norman leads Jessie onto the dance floor and they start slow dancing.

폴   : 진상을 가르쳐 드리면 좋겠는데.

제 시   : 그 사람들이 뭐라는데요?

폴   : 네?

제 시   : 그 사람들이 뭐랬냐구요?

노 먼   : 뭐라구요?

제 시   : (웃으면서) 어떻게 협박을 당했냐구요?

노 먼   : 말하고 싶지 않을거요.

폴   : 늘 하는 수법이죠. 악당 몇 명이 직접 나를 찾
          아 올 거라는 거죠.

제 시   : 그래서 발목에 콘크리트 장화를 신겨주겠다는
          거죠?

폴   : 바로 그거예요. (잠깐 제시를 쳐다 보다 얼른 메이
          블에게) 춤을 추어야겠군.

폴은 메이블의 손을 잡는다. 두 사람은 서로 얼싸안고 나아가 춤
을 추기 시작한다.

남 자   : 이거 봐. 조심하라구.

사람들이 못마땅한 표정으로 두 사람을 바라본다.

연주가   : 다음은 "머스크랫트 램블" 입니다.

빠른 박자의 음악이 시작된다. 폴은 메이블과 함께 돌면서 결렬한
춤을 춘다. 테이블에 술잔이 부딪치는 소리. 느린 박자의 음악이
시작된다.

노 먼   : 내 동생만큼은 못 추지만 같이 추는 영광을 주
          겠소?

제 시   : 좋아요.

노먼이 제시를 이끌고 무도장으로 나아가 느린 춤을 춘다.

■ You're touching a nerve button.
It's a very dangerous matter
you're dealing with.
아나콘다 광산의 기사가 아주 미묘
하고 위험한 일임을 말하고 있다.

■ exactly
바로 그렇습니다. 상대방의 말에
적극적으로 동의할 때 yes의 대용
으로 exactly를 사용한다.
cf) Not exactly.

■ Watch out.
조심해.
* Watch out for children while
driving.
(운전 중에는 아이들을 조심해라.)

■ nowhere near
~과 거리가 멀다.

■ Would you do me the honor?
춤을 같이 추기를 권할 때 여자에
게 묻는말. (허락해 주시겠어요?
같이 추시겠어요?)

■ I'd love to.
좋아요. 상대의 제안이나 부탁을
흔쾌히 받아들일 때 '좋아요, 물론
이죠' 등의 뜻으로 사용된다.
(= Why not, Of course.)

■ pay a visit (to~)
(~를) 방문하다. 찾아가다.
* The president paid a visit to
the orphanage.
(대통령이 고아원을 방문했다.)

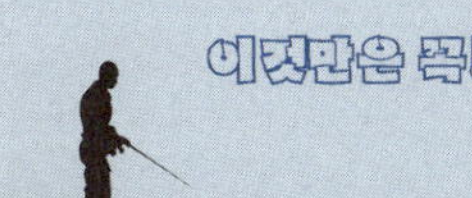

그들이 나를 방문할 것이다.
They will pay me a little visit.

♠ INT. JESSIE'S ROOM. DAY

Jessie sits, looking out the window. She reads a letter from Norman.

NORMAN : *(voice-over the letter, pan of the meadow)* **Dear Jessie, as the moon lingers a moment over the bitter-roots before its descent into the invisible, my mind is filled with song. I find I am humming softly, not to the music, but something else, someplace else, a place remembered, a field of grass where no one seemed to have been except the deer. And the memory is strengthened by the feeling of you dancing in my awkward arms. Norman.**

제시가 창 밖을 바라보며 앉아있다. 그녀는 노먼의 편지를 읽는다.

노 먼 : (편지위로 그리고 초원을 따라 움직이는 카메라 팬 위로 보이스 오버) 제시, 달이 초원 위로 잠시 머물다 모습을 감추고 사라진 뒤 내 마음은 노래로 가득 차 있습니다. 나는 어느새 부드럽게 콧노래를 부르고 있습니다. 음악에 맞춰서가 아니라 다른 것에 맞춰서, 다른 장소, 기억에 떠오르는 장소, 사슴 외에는 아무도 밟아 본 적 없는 초원에 맞춰서 말입니다. 그리고 그 기억을 서툴렀던 내 팔에 안겨 춤추던 당신의 체온으로 인해 더욱 강렬히 살아나고 있습니다. 노먼.

■ bitter-roots
(쇠비름과의) 화초.

■ be filled with~
~로 가득 차 있다.

■ awkward
서투른, 솜씨 없는.

"My Candle Burns at Both Its Ends"
by Edna St. Vincent Millay

My candle burns at both its ends;
It will not last the night;
But ah, my foes, and oh, my friends—
It gives a lovely light!

내 초는 양쪽에서 타고 있습니다.
밤이 가기 전 다 타버리겠지만,
아 내 적들과, 오 내 친구들이여,
내 초는 아름다운 빛을 냅니다.

Chapter 4에서 노먼이 제시와 폴, 그리고 메이블과 함께 술잔을 들면서 낭송하는 이 시는 미국시인 에드나 센트 빈센트 멀레이(1892~1950)의 짧지만 유명한 시이다. 그녀는 4번째 시집인 *The Harp Weaver and Other Poems*로 1923년 여성으로서는 첫 퓰리처상을 수상했다.

이 시는 자기의 삶을 촛불의 이미지로 표현한 것으로 양적인 삶(밤새 불을 밝히는) 보다는 질적인 삶(아름다운 빛)을 소중히 한다는 의미이다. 또한 열정적인 삶을

빛을 내는 촛불로 비유함으로써 어둠을 밝히고, 희생하는 삶이 아름다운 것임을 말하고 있다. 그러나 동시에 시인은 그런 아름다운 삶은 "양쪽에서 타 들어가는" 평범하지 않은 삶이기에 희생과 고통이 있을 뿐 아니라, 아무리 아름다운 삶을 살지라도 주변에서 모두 칭찬하고 격려해주는 것은 아니며 적이 있을 수 있음을 평범한 3번째 연(聯)을 통해 암시하는 듯 하다.

이 시인은 또 다른 시, "Safe Upon the Solid Rock"에서 안일하고 구태의연한 삶보다 위험을 각오하는 모험적이고 열정적인 삶이 아름다운 것임을 노래하고 있다.

Safe upon the solid rock
The ugly houses stand.
Come and see my beautiful palace
Built upon the sand.

든든한 바위 위에 안전치
못생긴 집들이 서 있습니다.
와서 나의 아름다운 궁전을 보세요
모래 위에 세워진.

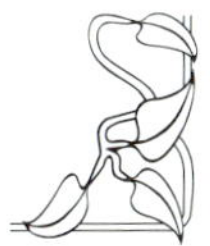

영화 속의 시

과거로. 과거로 시간이여 거슬러 날아 가다오
오늘밤 하루만이라도 다시 어린아이로 돌이켜다오!

맥클레인 목사가 낭송한 시 구절은 19세기 영국시인 엘리자베스 알렌의 "Rock Me to Sleep" 이라는 시의 첫 부분이다. 이 시는 삶의 무게와 거짓과, 사랑의 부재에 지친 여인이 참 사랑의 실체인 어머니를 그리워하며 부르는 시이다. 어머니가 흔들어주던 요람에서처럼 그 사랑 속에서 잠들고 싶어하는 열망은 지친 주인공의 심정이 절실히 나타난 것으로 단순한 잠이 아닌 영원한 안식인 죽음과, 세상에는 없는 참 평화를 갈망하는 절망이 드러나 있다. (역자)

"날 흔들어 잠재워주세요"

(엘리자베스 알렌)

과거로. 과거로 시간이여 거슬러 날아 가다오
오늘밤 하루만이라도 다시 어린아이로 돌이켜다오!
어머니, 메아리 없는 바다기슭에서 돌아오셔서,
옛날처럼 품속에 안아주세요;
내 이마에 입맞추어 근심의 골을 펴주시고,
내 머리카락 속 은발을 어루만져 가 주세요;
내 잠 위로 어머니의 사랑이 지켜주세요;
날 흔들어 잠재워주세요, 어머니, 날 흔들어 잠재워주세요!

거슬러 거슬러 흘러가라 세월의 물결이어!
나는 힘겨워 지치고 눈물에 지쳤네.
힘겨워도 보상 없는 일, 흘려도 헛된 눈물,

모두 가져가고 다시 어린 시절을 돌려다오!
나는 티끌과 쇠잔함에 지쳐버렸네,
내 영혼의 유익을 던져버리기에도;
다른 이들이 거두어갈 씨를 뿌리는 일에도;
날 흔들어 잠재워 주세요, 어머니, 날 흔들어 잠재워주세요!

공허함과 비열함과 거짓에 지쳐
어머니, 오 어머니, 가슴에서 어머니를 불러봅니다!
우리의 얼굴사이로 수많은 여름이 흘러
초원은 푸르렀다, 꽃피고, 시들었지만
그래도 강렬한 그리움과 열정적인 고통으로
나는 오늘밤 어머니가 곁에 계시기를 원합니다.
그 오랜, 그 깊은 침묵을 뚫고 내게로 와주세요;
날 흔들어 잠재워주세요, 어머니, 날 흔들어 잠재워주세요!

----(중략)----

어머니, 사랑하는 어머니, 오랜 세월이 갔습니다
어머니의 자장가를 마지막 들은 후로:
다시 불러주세요, 내 영혼에
여자로서의 세월이 한 꿈인 양 여겨지게.
어머니의 품속 가슴에 꼭 안기어
가벼운 속눈썹이 내 얼굴을 스치면,
이후로 다시 깨어나지도 울지도 않을텐데;
날 흔들어 잠재워주세요, 어머니, 날 흔들어 잠재워주세요.

Rock Me to Sleep

by Elizabeth Akers Allen (1832-1911)

Backward, turn backward, O Time, in your flight,

Make me a child again just for to-night!

Mother, come back from the echoless shore,

Take me again to your heart as of yore;

Kiss from my forehead the furrows of care,

Smooth the few silver threads out of my hair;

Over my slumbers your loving watch keep;

Rock me to sleep, mother,—rock me to sleep!

Backward, flow backward, O tide of the years!

I am so weary of toil and of tears,

Toil without recompense, tears all in vain,

Take them, and give me my childhood again!

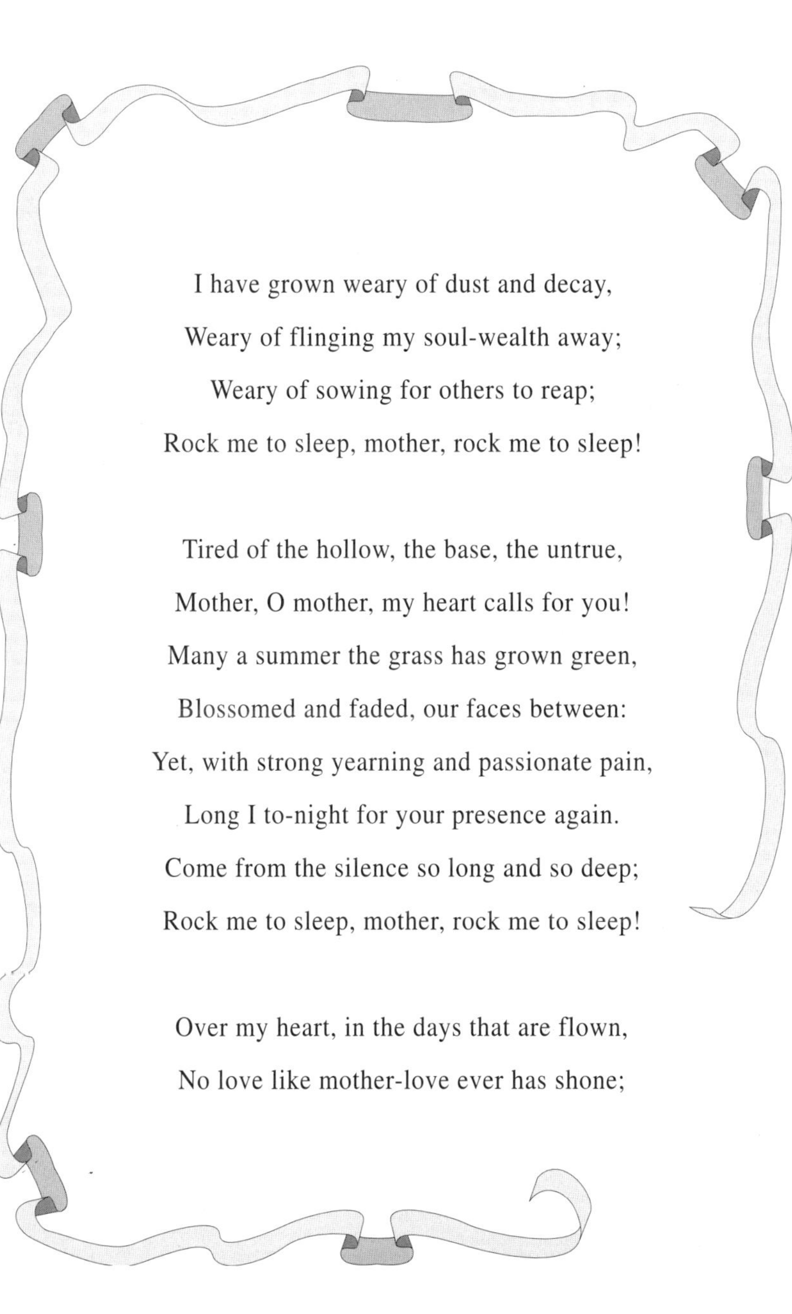

I have grown weary of dust and decay,

Weary of flinging my soul-wealth away;

Weary of sowing for others to reap;

Rock me to sleep, mother, rock me to sleep!

Tired of the hollow, the base, the untrue,

Mother, O mother, my heart calls for you!

Many a summer the grass has grown green,

Blossomed and faded, our faces between:

Yet, with strong yearning and passionate pain,

Long I to-night for your presence again.

Come from the silence so long and so deep;

Rock me to sleep, mother, rock me to sleep!

Over my heart, in the days that are flown,

No love like mother-love ever has shone;

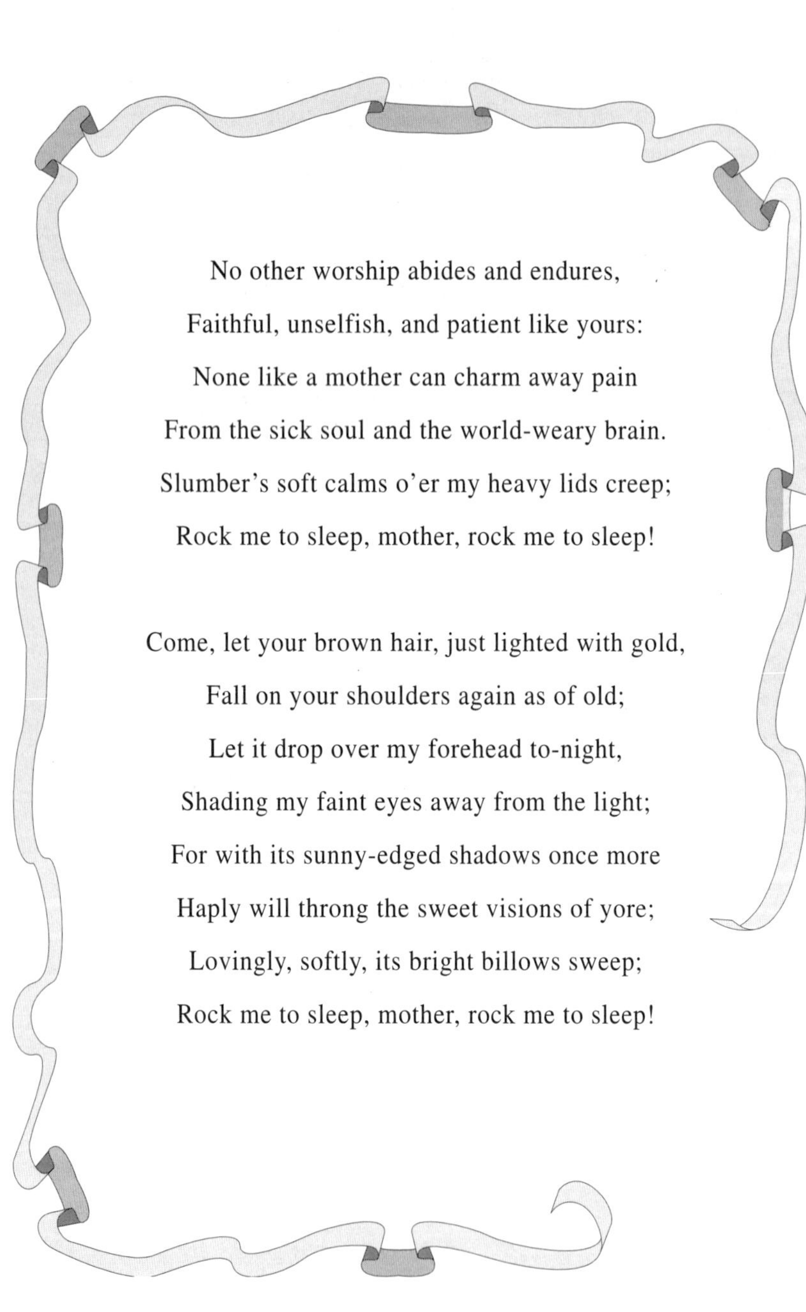

No other worship abides and endures,

Faithful, unselfish, and patient like yours:

None like a mother can charm away pain

From the sick soul and the world-weary brain.

Slumber's soft calms o'er my heavy lids creep;

Rock me to sleep, mother, rock me to sleep!

Come, let your brown hair, just lighted with gold,

Fall on your shoulders again as of old;

Let it drop over my forehead to-night,

Shading my faint eyes away from the light;

For with its sunny-edged shadows once more

Haply will throng the sweet visions of yore;

Lovingly, softly, its bright billows sweep;

Rock me to sleep, mother, rock me to sleep!

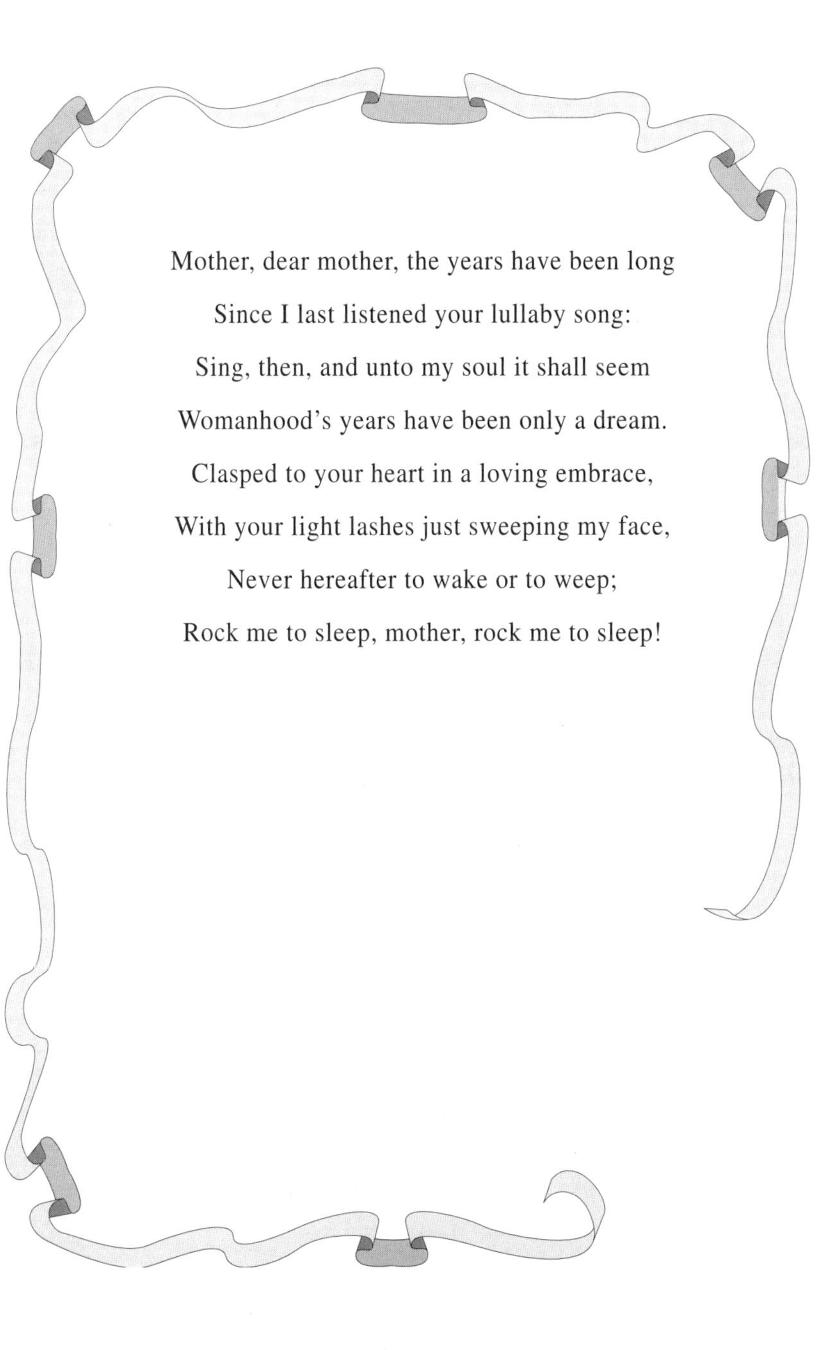

Mother, dear mother, the years have been long

Since I last listened your lullaby song:

Sing, then, and unto my soul it shall seem

Womanhood's years have been only a dream.

Clasped to your heart in a loving embrace,

With your light lashes just sweeping my face,

Never hereafter to wake or to weep;

Rock me to sleep, mother, rock me to sleep!

♠ *INT. MACLEAN'S HOUSE. NIGHT*

Telephone rings. Norman shuts refrigerator door and walks to answer the phone.

NORMAN   : Yes? What's wrong?

MRS. MACLEAN: Norman?

NORMAN   : It's okay, mother. Who is this?

♠ *POLICE OFFICE. NIGHT*

Norman walks up the stairs and into the building. He steps up to the counter and pulls out his wallet.

NORMAN   : I'm Norman Maclean.

POLICE   : Nah, he doesn't have to post bond. He covers the police beat and has friends here. Just take him home.

NORMAN   : What did he do?

테잎시간
00:55:53: ~ 01:03:00

♠ 내부. 맥클레인 목사 집. 밤
전화 벨 소리. 냉장고 문을 열던 노먼이 전화를 받는다.

노 먼　：여보세요? 무슨 일이지요?

맥클레인 부인: 노먼, 왜 그러니?

노 먼　：아무 것도 아니에요, 어머니. 누구시죠?

♠ 경찰서. 밤
노먼이 경찰서 계단을 올라간다. 경찰서안. 카운터로 가서 지갑을 꺼낸다.

노 먼　：노먼 맥클레인 입니다.

경 찰　：아니요, 보석금을 낼 필요는 없어요. 그는 경
　　　　찰 구역 담당 기자거든요. 여기 아는 친구들노
　　　　있습니다. 그냥 폴을 데려가기만 하면 됩니다.

노 먼　：무슨 짓을 저질렀죠?

■ **What's wrong?**
어떻게 된 거죠?
* What's the matter?
(무슨 일 입니까?)

■ **Who is this?**
(전화 걸어온 상대가 누구인지
물을 때) 누구십니까?

■ **bond**
보석금.

■ **beat**
취재구역.

POLICE   : He hit a guy and the guy's missing a couple teeth.

NORMAN   : Why did he hit him?

POLICE   : It says here *(looking through some papers)* a remark
             was passed concerning the Indian woman he was
             with.

NORMAN   : The guy deserved it.

POLICE   : We're picking your brother up too much lately.

NORMAN   : Is that right?

POLICE   : Besides, he's behind on the poker game at Lolo.
             It's not healthy to get behind at Lolo.

NORMAN   : Is he hurt?

POLICE   : He's not hurt. He's just sick. He drinks too much.
             Down at Lolo, they don't drink too much. You
             better go in and get your brother.

NORMAN   : Thanks.

*Norman walks toward the cell and an officer lets him in. Norman follows
the officer down the stairs and through another door.*

A drunken man in a cell.

MAN   : I'm tired and I want to go to bed. I just had a drink
             about an hour ago. It went right to my head no
             matter where I roam by land or sea or boat. You
             can always hear me singing this song—show me
             the way to go home....

*Norman pauses to watch the singing man then walks on to Paul's cell.
(groans) Paul is sitting in the cell and Mabel is lying on the floor. Norman
picks her up and drags her out.*

경 찰 : 어떤 사람을 때려서 이를 두어개 부러뜨렸어요.

노 먼 : 왜 때렸나요?

경 찰 : (보고서를 훑어보면서) 기록에 의하면 폴과 함께
　　　있던 인디언 아가씨에게 뭐라고 했답니다.

노 먼 : 맞을 짓을 했군요.

경 찰 : 요즘 동생이 자주 우리 눈에 뜨입니다.

노 먼 : 그렇습니까?

경 찰 : 게다가 그는 롤로의 포커판에도 끼어 있어요.
　　　롤로의 뒷방에서 눈에 뜨이는 건 신상에 안 좋
　　　습니다.

노 먼 : 다쳤습니까?

경 찰 : 아뇨. 단지 몸이 불편할 뿐이에요. 술을 너무
　　　많이 마시거든요. 롤로에서는 보통 술을 많이
　　　안 마시죠. 안에 들어가서 동생을 데려 가십시
　　　오.

노 먼 : 감사합니다.

노먼, 경찰서 감방 쪽으로 간다. 경찰관이 문을 열어준다. 노먼이
그를 따라 층계를 내려간다. 또 다른 문 하나를 열고 들어간다.

감방안에서 술에 취한 남자의 소리.

남 자 : 난 지쳤어. 자고 싶어. 한시간 전에 술을 마신
　　　것뿐인데. 그게 내 머리 속으로 쑥 들어와 버렸
　　　단 말야. 내가 어디를 헤매든... 육지든, 바다든,
　　　베에서든. 난 언제나 이 노래를 부르지--집에
　　　가는 길을 알려줘...

노먼은 술 취한 남자를 잠시 바라보다가 폴이 있는 감방 쪽으로 간
다 (붐볐소리) 감방에 있는 폴. 그 옆에 메이블이 술에 취해 쓰러
져 있다. 노먼이 그녀를 일으켜 끌고 나온다.

■ it says
　～이라고 씌어 있다, 서류, 편지,
　간판, 시계 등이 전달하는 내용을
　말할 때 이 표현을 이용하면 용이
　하다.
＊ It says in the papers
　(＝The papers say) that our
　population are down.
　(신문은 우리나라의 인구가 줄어들
　고 있다고 보도하고 있다.)
＊ The clock said seven.
　(시계는 7시를 가리키고 있었다.)

■ a remark was passed
　pass a remark on(about)
　～에 대해서 의견을 말하다.

■ besides
　게다가.

■ You better go in.
　you had better + 동사원형
　～하는 편이 낫다. ～해야 한다.
　(should)

■ No matter where I roam.
　내가 어디에 있든지. (어디를 헤매
　든지)
　no matter +절 =비록 ～일지라도.
＊ No matter what happened.
　(비록 무슨 일이 일어날지라도.)

■ roam
　돌아다니다, 방랑하다 (wander).

■ deserve it
　(～을 받을)만 하다. 당연한 결과다.
＊ The young artist deserves
　attention.
　(그 젊은 화가는 주목받을 만하다.)

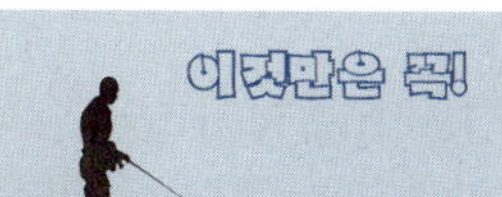

그 사람이 (맞을 짓을)했군요.

The guy deserved it.

♠ *EXT. INSIDE OF A CAR. NIGHT*
Mabel is sleeping. Norman is driving.

NORMAN   : If you need any money, Paul, or anything else, I
               want you to know that...
PAUL   : She lives past the slaughterhouse.
NORMAN   : ...I can help.
PAUL   : Turn here.

♠ *EXT. PARTY ON THE MEADOW. DAY*
*Gun raised in the air then fired as four women ran away. Fiddle, banjo,
and guitar playing. People are eating, napping, and playing. Rev. throws a
horseshoe.*

REV. MACLEAN : Well, chickens haven't come home to roost
                 yet, Al.

Throws another and gets a ringer.

REV. MACLEAN : Not bad.

Norman is walking with Mrs. Maclean.

MRS. MACLEAN: Are you all right, Norman?
WOMAN   : *(to Mrs. Maclean)* Clara, was that your jelly?
MRS. MACLEAN: Yes, it was.
WOMAN   : It was wonderful.
MRS. MACLEAN: Thank you so much.
WOMAN   : *(looking at Norman)* And is this Norman? My
                 goodness!
MRS. MACLEAN: Yes, it is, yes, We're very proud.

♠ 외부. 밤. 차안

노먼이 차를 운전하고 있다. 메이블은 여전히 잠이 빠져있다.

노 먼 : 돈이나 뭐 필요한 거 있으면 얘기 해. 언제든지
　　　　내가...
폴 　 : 메이블의 집은 도살장 뒤쪽이야.
노 먼 : ...널 도와줄 수 있어.
폴 　 : 여기서 꺾어.

♠ 외부. 잔디 밭 위의 야유회. 낮

출발신호를 하는 총이 공중에서 발사되고 네명의 여자들이 달리기를 시작한다. 바이올린, 밴조, 기타를 연주한다. 사람들이 먹고, 누워 쉬거나, 놀고 있다. 맥클레인 목사가 말굽던지기를 하고 있다.

맥클레인 목사: 알, 아직 게임은 안 끝났다고요!

말굽을 말뚝에 던져서 또 하나 성공시킨다.

맥클레인 목사: 괜찮군.

노먼이 어머니와 함께 걷고 있다.

맥클레인 부인: 괜찮니? 노먼.
여 　 자 　 : (맥클레인 부인에게) 클라라, 당신이 만든 젤
　　　　　　　리에요?
맥클레인 부인: 네.
여 　 자 　 : 아주 맛있어요.
맥클레이 부인: 고마워요.
여 　 자 　 : (노먼을 보고) 노먼이에요? 어미 세상에!
맥클레인 부인: 네, 그래요. 우리도 아주 자랑스러워요.

■ slaughterhouse
　도살장.
　slaughter: 도축, 대량학살.

■ come home to roost
=boomerang
　자신에게로 돌아오다, 자업 자득
　이 되다.
* Curses, like chickens, come
　home to roost.
　(남을 저주하면 그 화가 자기에게
　돌아온다.)

■ My goodness!
　감탄, 강조를 나타내는 말.

■ Not bad.
　괜찮은데, 좋은데요.
　(That's not bad.)

괜찮은데요!

Not bad!

WOMAN   : Nice to have you back.
NORMAN   : *(Shakes hands)* **Thank you.**

The woman walks away.

MRS. MACLEAN : *(to Norman)* **Her daughter's quite a beauty.**
                There she is, over there. 20 only a week ago,
                she's bright as a light, Norman.
NORMAN   : **Mother!**

Mrs. Maclean walks toward an older man.

MRS. MACLEAN : **Mr. Murchison, How are you?** *(louder)* **How**
                are you? How are you?
MR. MURCHISON: **Quite well, thank you.**
MRS. MACLEAN : **Good, good.**
MR. MURCHISON: *(looking at Norman)* **and this is Paul?**
MRS. MACLEAN : **No, this is Norman.** *(louder)* **Norman.**
MR. MURCHISON: *(to Norman)* **Oh, Norman. You're looking**
                good. *(pinches Normans cheek.)*
MRS. MACLEAN : **Yes, hasn't he grown up?**
MR. MURCHISON: **Oh, yes.**

Norman watches a car driving up.

MRS. MACLEAN : *(to Norman)* **Paul's here. Come on.**
NORMAN   : **I am sorry, I can't. I'm meeting Jessie**
                Burns' family at the station. Her brother
                Neal is coming in from California.
MRS. MACLEAN : **Oh, well, now.**

여 자 : 이렇게 돌아오니 반가워요.
노 먼 : (악수를 나누며) 감사합니다.

여자가 자리를 뜬다.

맥클레인 부인: (노먼에게) 딸이 아주 예쁘게 컸단다. 바로 저
              기 있는 애야. 얼마 전에 스무 살이 됐는데
              총명하기가 샛별과 같단다.
노 먼   : 엄마도 참...

어머니가 한 노인을 보고 다가가 인사를 한다.

맥클레인 부인: 머치슨씨! 안녕하세요? (더 크게) 안녕하시냐
              고요?
머치슨씨   : 난 잘 지내요. 고마워요.
맥클레인 부인: 다행이예요.
머치슨씨   : (노먼을 보고) 얘가 폴인가?
맥클레인 부인: 노먼이예요. (더 크게) 노먼이요.
머치슨씨   : (노먼에게) 훌륭하게 컸구나. (노먼의 볼을 만진
              다.)
맥클레인 부인: 네, 정말 많이 컸죠?
머치슨씨   : 그렇구먼.

노먼이 폴의 자동차가 오는 것을 본다.

맥클레인 부인: (노먼에게) 폴이 오는구나. 가자꾸나.
노 먼   : 죄송해요. 역에서 제시번즈의 가족을 만나기
              로 했어요. 오빠 닐이 캘리포니아에서 돌아
              온대요.
맥클레인 부인: 아 그래, 그럼.

■ She is quite a beauty.
  그녀는 아주 미인이다.

■ This is Norman.
  사람을 소개할 때는 He(she) is 라
  고 하지 않고 "This is~" 로 소개
  한다.

■ Nice to have you back.
  다시 와서 반가워요.
  have+ 명,형 : ~을 (~의 상태로)
  유지하다, 해두다.
* Have coffee ready.
  (커피를 준비해 두다.)
* Have your eyes wide open.
  (눈을 크게 뜨고 있다.)
* Have a book back by next week.
  (다음 주까지 책을 돌려주시오.)

돌아와서 반갑습니다.

Nice to have you back.

NORMAN   : So, I'm late.
MRS. MACLEAN: Should we have her to dinner, Norman?
NORMAN   : Perhaps, mother. *(Norman walks away.)*

Paul get out of the car and waves at Norman. Norman just looks at him with cold face. Paul walks toward his mother. Norman keeps looking at Paul.

PAUL   : Mother. *(Paul picks his mother up and spins her around.)*
MRS. MACLEAN: *(shrieking: giggling)* Stop! Come on.

Paul takes her hand and walks toward some men.

SAM   : Hello, Paul.
PAUL   : Hi, Sam.

Paul shakes hands and takes horseshoes.

PAUL   : Let me borrow those. *(to Reverend Maclean)* Hello, father. *(shakes hands with Rev.)*
REV. MACLEAN: Son...

Norman looking at what Paul is doing walks to his car. Paul throws a horseshoe. Norman gets in the car.

노 먼 : 벌써 좀 늦었어요.

맥클레인 부인: 그 여자 친구를 저녁식사에 한번 데려오지
        않겠니?

노 먼 : 생각해 볼게요. (노먼이 자리를 뜬다.)

폴이 차에서 내려 노먼에게 손을 흔든다. 노먼은 냉냉히 쳐다보기
만 한다. 폴은 어머니에게로 다가간다. 노먼은 계속 폴의 행동을 바
라본다.

폴   : 어머니! (맥클레인 부인을 껴안아 올려 빙그르 돈다.)

맥클레인 부인: (즐거운 비명을 지르며 웃으면서) 그만해, 됐어.

폴은 어머니의 손을 잡고 남자들이 있는 곳으로 간다.

샘   : 폴 잘 있었니?

폴   : 안녕, 샘.

악수를 하며 말굽을 받아든다.

폴   : 그거 잠깐 빌려주겠어? (맥클레인 목사에게) 안녕
        하세요, 아버지. (아버지와 악수를 나눈다.)

맥클레인 목사: 작은 애 왔니?

노먼은 폴의 행동을 지켜보다가 차 쪽으로 간다. 폴은 부친 곁에서
말굽을 던진다. 노먼, 차에 오른다.

■ Let me borrow those.
그거 잠깐 빌려주겠어?
제안이나 요구를 할 때 Let me ~
를 쓰면 ~시켜 달라, 해보고 싶다
의 뜻이다.
* Let me tell you something.
(재미있는 이야기를 해줄까?)
* Let me be your guide.
(길 안내를 하도록 해주세요.)

♠ *EXT. THE TRAIN STATION. DAY*

NARRATOR   : The Burns family ran a general store in a one-store town and still managed to do badly.

Norman walks with flowers in his hand and gives them to Jessie who takes his hand and leads him towards her family.

JESSIE   : This is Norman.
NARRATOR   : They were Methodists–a denomination my father always referred to as Baptists who could read.
JESSIE   : *(to Norman)* Pop.
MRS. BURNS: It's a pleasure.
JESSIE   : My mother.
MRS. BURNS: Jessie tells me you're a poet.

테잎시간
01:03:01: ~ 01:12:17

♠ 외부. 기차역. 오후

나래이터: 번즈 집안은 가게라고는 하나밖에 없는 마을에서 잡화점를 하고 있었는데도 신통치 않았다.

노먼이 꽃을 들고 걸어와 제시에게 준다. 제시가 노먼의 손을 잡고 가족에게로 데리고 간다.

제 시 : 노먼이예요.
나래이터: 그들은 감리교도였다. 우리 부친께서 늘 글을 아는 침례교도라고 부르던 파다.
제 시 : (노먼에게) 아버지예요.
번즈 부인: 반가워요.
제 시 : 어머니세요.
번즈 부인: 제시가 시인이라고 하더군요.

■ a general store
(시골의) 잡화점.

■ Methodists
감리교도. 1729년 영국에서 존 웨슬리(John Wesley)에 의하여 시작된 그리스도교 교파.

■ denomination
종파, 교파, 문벌.

■ refer to as
~이라고 말하다, 부르다.
* He is often referred to as a traitor to his country.
(그는 종종 매국노라는 말을 듣는다.)

■ It's a pleasure (to meet you).
만나서 기쁘군요.

MR. BURNS : Are you related to the fishing newspaperman?
NORMAN   : That's my brother.
AUNT SALLY : Jessie says you just got your degree.
NORMAN   : Yes.
AUNT SALLY : Jessie was at the university. She was majoring
                     in....
BOY   : Flapperism.

Jessie playfully shoves the boy.

AUNT SALLY : Science, I believe. Wasn't it? But she dropped
                     out.
JESSIE   : Aunt Sally!
AUNT SALLY : She could learn from you stick-to-itivity.
MRS. BURNS: Let the young man breathe. He's not used to
                     this. He's a Presbyterian.

Group laughs. Train comes into the station.

MRS. BURNS: Ooh, Neal. He's here, He's here!

Laughs. Neal steps out smiling.

NARRATOR   : Jessie's brother, Neal, stepped off the train
                     trying to remember what a Davis Cup tennis
                     player looked like.

Neal hugs and greets his family members.

AUNT SALLY : You look so good. How you doing?
JESSIE   : You look great. Oh, Neal. This is Norman.

번   즈   : 그 낚시광 기자와 관계가 있나?
노   먼   : 제 동생입니다.
샐리 아주머니 : 제시가 그러던데 이번에 학위를 땄다면서요?
노   먼   : 네.
샐리 아주머니 : 제시도 대학에 다녔었어요. 전공이..
제시 동생   : 말괄량이 자유주의죠.

제시가 장난치듯 동생을 밀어낸다.

샐리 아주머니 : 과학일 거예요. 맞지? 근데 중퇴를 했어요.
제   시   : 샐리 아주머니!
샐리 아주머니 : 제시는 당신한테 '끈기 있게 견디는 법'을
                배워야 해요.
번즈 부인   : 숨 좀 돌리게 그만 해요. 노먼은 장로교도
                라 이런 분위기에 익숙하지 못해요.

모두들 웃는다. 기차가 역사 쪽으로 들어온다.

번즈 부인 : 오, 닐이다. 닐이 왔어!

웃음소리. 닐이 웃으면서 기차에서 내린다.

나래이터 : 제시 오빠 닐은 데이비스컵 테니스 선수를 기념
           이라도 하는 듯한 옷차림으로 기차에서 내렸다.

닐이 식구들과 끌어 안으며 반가워한다.

샐리 아주머니 : 정말 좋아 보이는구나.
제   시   : 오빠 정말 멋지네요. 이쪽은 노먼이야.

■ flapper
(구어) 말괄량이. 플래퍼(1920년대
자유를 찾아 복장, 행동등에서 관습
을 깨뜨린 여자들)

■ drop out
중퇴하다. 떨어져 나가다.

■ stick-to-itiveness
끈기, 인내심.
stick-to-itive: (미구어)끈기 있는
stick-to-it: 버티다. 끝까지
           견디어 내다.
* The young piano student's
stick-to-itiveness helped him
to learn the difficult music.
(그 젊은 학생이 어려운 피아노 음
악을 배울 수 있었던 것은 그의 끈
기 때문이다.)

■ step off
자동차 · 배 등에서 내리다.

■ You look so good.
얼굴이 좋아 보이는구나.
얼굴이나 외모에 대해서 말할 때
look 뒤에 보어를 수반하면 ~보이
다, 생각되다의 뜻이다.
* You look glum .
(시무룩한 얼굴을 하고 있네.)
* He looks very ill.
(그는 몹시 아픈 모양이다.)

■ be used to
~에 익숙하다.
(bo accustomed to)

(to Norman) **My brother, Neal.**

NEAL   : Hello, boy. *(shaking hands)*
MRS. BURNS: Did you sit up all night?
NEAL   : I met some nice people.
BOY   : What do you think about this tie?
JESSIE   : Come on. Let him breathe.
MRS. BURNS: Let's go eat.
NEAL   : Oh, great idea.

Group starts walking with Norman in the back.

MRS. BURNS: I've got baking chickens at home. Mrs. Miller
                    gave us some cherries. I can make your favorite
                    pie.
NEAL   : Mrs. Miller's still alive?

♠ *INT. JESSIE'S HOUSE. DAY*
Cap pops off the bottle.

MRS. BURNS: Oh, not the homemade beer.
MR. BURNS   : Boy, was a good year.
BOY   : Over the lips, past the gums, look out stomach,
                    here she comes. *(holding glass in the air.)*
MAN   : What's the first station out there? When I
                    traveled that way, San Berdoo was there and a
                    lot of sand and a hell of a lot of desert.

Beer is poured for everyone. Boy performs a magic trick for Noman.

MAN   : We came back to Salt Lake City and had to
                    change at Salt Lake City. There was a hotel

(노먼에게) 오빠 닐이에요.

닐　　　: 안녕하쇼? (악수를 한다.)
번즈 부인: 밤새 잠도 못 자고 왔니?
닐　　　: 기차에서 좋은 사람들 만났었어요.
제시 동생: 이 타이 어때요?
제 시　: 이제 그쯤해. 오빠 숨 좀 돌리게 하자.
번즈 부인: 가서 식사해야지.
닐　　　: 그거 좋죠.

모두들 집으로 가기 시작한다. 노먼은 뒤에 따라간다.

번즈 부인: 닭구이를 해 놨단다. 밀러 부인이 준 체리도
　　　　　있고. 네가 좋아하는 파이를 만들어주마.
닐　　　: 밀러 부인이 아직도 살아 계셔요?

♠ 내부. 제시집 거실. 낮
병 따는 소리.

번즈 부인: 집에서 만든 게 아니에요.
번즈씨　: 좋은 맥주군.
제시 동생: 입술을 넘고 입속을 지나, 조심해라 위장아. 지
　　　　　금 술 들어간다. (잔을 공중에 든다.)
노 인　: 요즘은 거기 첫 번째 기차역이 어디지? 내가 거
　　　　　기 갔을 때는 샌 버두역이였어. 모래가 많았지.
　　　　　정말 끝도없는 사막이었어.

맥주를 돌린다. 동생이 노먼에게 마술묘기를 보여준다.

노 인　: 우리는 솔트 레이크시로 기치를 갈아 타려고 갔
　　　　　어. 거기엔 아주 작은 호텔이 하니 있었는데 식

■ sit up all night
　밤을 새우다. 철야하다.

■ homemade
　집에서 만든, 국산의.

■ gum
　잇몸.

■ have time to breathe
　숨 돌릴 틈을 가지다 / 쉬다.
* I haven't had time to breathe.
　(나는 숨놀릴 틈도 없다.)

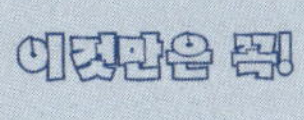

그에게 숨돌릴 틈 좀 줍시다.
Let him breathe.

there that served oysters, served oysters, yeah.
MRS. BURNS: Norman, Do you drink? *(to Jessie)* Does he drink?
JESSIE   : A little bit. *(drink is poured.)*
NEAL   : Here's to the ole fam-damn-ily.

Neal stands and lifts up his drink.

JESSIE   : The fam-damn-ily.

Neal looks in the mirror and fixes his hair, admiring himself.

JESSIE   : He's fine. He's just tired. It's a long trip.
MRS. BURNS: At least he still has his appetite.

Close ups of Norman and then Neal looking each other.

NORMAN   : So, how long do you plan to stay, Neal?

Neal looks away, ignoring the question at first.

NEAL   : *(to a dog)* Sport. Sport, come here. *(to Norman)* I
                  don't know. *(to himself)* I miss the ocean. *(plays
                  with the dog.)*
JESSIE   : What's it like?
NEAL   : It's big and blue. People ride on the waves. I
                  was getting pretty good at it.

Dog bites Neal.

NEAL   : Ow! Damn it! Bad dog! Jeez, ma.

사에 굴이 나오더라구. 그렇지 굴을 대접했어.

번즈 부인: 노먼, 술해요? (제시에게) 노먼 술 하니?

제 시 : 조금이요. (술을 따른다.)

닐 : 오래된 흉가─족─을 위하여!

닐이 일어서서 자기 잔을 든다.

제 시 : 흉가─족을 위하여.

닐은 거울을 보며 머리를 매만지고는 자신의 모습에 만족스러워
한다.

제 시 : 오빠는 괜찮아요. 그냥 피곤해서 그런 거지. 장
거리 여행이잖아요.

번즈 부인 : 그래도 아직 식욕은 있으니까.

노먼과 닐이 서로를 쳐다보는 모습이 차례로 클로즈업 된다.

노 먼 : 얼마나 머무르실거죠?

닐은 노먼을 무시하고 딴청을 한다.

닐 : (개를 부르며) 스포트! 스포트, 이리와. (노먼에게)
잘 모르겠어요. (혼잣말로) 바다가 보고 싶군. (개
와 함께 논다.)

제 시 : 어떻게 생겼는데?

닐 : 넓고 푸르고 사람들은 파도를 타지. 난 파도타기
를 잘 한다구.

개가 닐을 문다.

닐 : 아야! 이런 빌어먹을. 못된 개 같으니라고....

■ A little bit.
조금.

■ appetite
식욕.

■ What's it like?
어떻게 생겼는데?
what's ~like 하면 어떠한 사람
[것, 일]일까, 어떠한 기분일까의
뜻.
* What's the new CEO like?
(새 사장은 어떠한 사람이냐?)
* What's the weather like in
New York?
(뉴욕의 날씨는 어떤가요?)
cf. What *does* the new CEO *look
like*?
(새 사장은 어떻게 생겼어?);
이 경우는 외모를 묻는 말.

■ be good at
~에 유능한; 능숙한, 숙달한.
* I'm not good at it.
난 (그것을) 잘 못합니다.

그는 운동을 잘 합니다.

He is good at sports.

MRS. BURNS: *(embarrassed)* **Well, you get him so excited.**

Dog cowers away.

NEAL   : Anyhow, what was I talking about?
JESSIE   : The water. The ocean.
NEAL   : Oh, oh, yeah. We'd ride those waves all day long, all the boys. Ramon, me, Ronnie Colman.
JESSIE   : Ronald Colman?
NEAL   : Yes.
MR. BURNS   : Ronald Colman?
MRS. BURNS: I love Ronald Colman.
MR. BURNS   : You know, people told me I look like Ronald Colman. Yeah.
AUNT SALLY : I can't picture Ronald Colman riding on waves.

Laughing. Everyone starts laughing.

NEAL   : Some Kodak, huh? Well, Ma. It's been a long trip.

He gets up from his chair to leave the room. Everyone watches, a little nervous.

MRS. BURNS: *(to Neal)* **Maybe you could go fishing with Norman sometime?**

Norman gives her, then Jessie, an exasperated look.

JESSIE   : That's a good idea.
NORMAN   : Yeah.

번즈부인: (당황하여) 아마 널 보고 너무 반가워서 흥분했나
보다.

개가 겁에 질려 기어간다.

닐　　　: 내가 어디까지 말을 했지?
제 시　 : 바다 얘기.
닐　　　: 오오, 맞아. 우리는 거기서 하루종일 파도를 타
곤했지. 모두들 말야, 레이먼, 나, 로니 콜맨.
제 시　 : 로날드 콜맨?
닐　　　: 그래.
번즈부인: 난 로날드 콜맨이 좋아.
번 즈　 : 사람들이 날 보고 로날드 콜맨을 닮았데. 정말이
야.
샐리아주머니: 로날드 콜만이 파도를 탄다니 상상이 안가.

웃는다. 모두들 웃는다.

닐　　　: 멋지죠? 엄마, 정말 긴 여행이었어요.

의자에서 일어나 방을 나간다. 모두들 약간 당황해서 그를 바라본
다.

번즈부인: (닐에게) 노먼과 함께 언제 낚시를 가면 어때?

노먼은 번즈 부인과 제시를 차례로 본다. 아주 난처한 표정.

제 시　 : 아주 좋은 생각이에요
노 먼　 : 그래요.

■ all day long
하루 종일.
* He could not finish the job
though he worked all day long
without a break.
(그는 휴식도 없이 하루 종일 일했
는데도 다 끝내지 못했다.)
* He worked all day long
without a break.
(그는 쉴 틈도 없이 하루종일 일했
다.)

■ Ronald Colman (1891~1958)
영국의 연극, 영화배우.
당시 기품있는 외모와 목소리로 모
든 이들에게 신사적, 낭만적인 인
물의 대명사가 되어 흠모의 대상이
었다.

■ look like
닮다, ～처럼 보이다.

■ picture
마음에 그리다, 상상하다.

■ That's a good idea.
좋은 생각이다.
= That sounds like a good idea.

MRS. BURNS: Wonderful, wouldn't it be?
NEAL   : Fishing.
NORMAN   : *(to Neal)* You do fish?
MRS. BURNS: Of course. He has a pole and everything.
MR .BURNS : Oh, yes. Everybody does.
NEAL   : You betcha.
MRS. BURNS: When would be a good time for you, Norman?
NORMAN   : Oh, um, Friday.
JESSIE   : Friday's good. Yeah.
MRS. BURNS: What time?
NORMAN   : 6:00.
NEAL   : A.M.?

All laughing.

MRS. BURNS: Yes, he'll be there. *(to Neal)* Won't you, honey?
                    Thank you, Norman. That's very kind of you.
NORMAN   : My pleasure.
JESSIE   : Maybe Paul could come too?
MRS. BURNS: That would be nice.
NORMAN   : *(hesitating at first)* I'm sure Paul would love to go
                    fishing.
BOY   : Can I come?
MRS. BURNS: Not this time honey.
NORMAN   : Next time.

The ladies all stand up and start clearing the dishes.
Neal leaves the room, gets his sweater and starts to leave the house.

JESSIE   : Why don't you go with Neal, Norman?

번즈부인: 정말 재미있을 거야.

닐   : 낚시라.

노 먼   : (닐에게) 낚시하세요?

번즈부인: 물론이죠. 낚시 도구는 다 있어요.

번 즈   : 그럼, 누구나 그렇지.

닐   : 당연하죠.

번즈부인: 언제가 좋을까요?

노 먼   : ...금요일쯤.

제 시   : 금요일 좋네요.

번즈부인: 몇 시에?

노 먼   : 여섯시요.

닐   : 오전?

모두 웃는다.

번즈부인: 그때 갈 거예요. (닐에게) 안 그러니, 얘야?
          고마워요. 노먼. 참 친절하군요.

노 먼   : 별 말씀을요.

제 시   : 폴도 같이 갈 수 있겠죠?

번즈부인: 그것 참 좋겠네요.

노 먼   : (좀 망설이다가) 폴도 낚시를 좋아하니까 그게 좋
          겠군요.

제시동생: 나도 갈까요?

번즈부인: 이번엔 안 된다. 얘야.

노 먼   : 다음에 가지.

여자들은 설거지를 하러 일어난다. 닐이 방을 나가서 스웨터를 입
고는 집을 나가다.

제 시   : 노먼, 닐과 함께 가지 그래요?

- **You betcha.**
  = bet you. 물론, 당연하지.

- **That's very kind of you.**
  참 친절하시군요.

- **My pleasure.**
  고맙다는 말에 You're welcome
  대신 괜찮다, 기쁨으로 하는 일이
  다 라는 의미.

- **Why don't you~**
  please 처럼 권유하는 말.

- **this time**
  이번에는
* I will pass the exam this time.
  (이번에는 합격할 거야.)
* This time, I will let you drive.
  (이번에는 네가 운전하게 해줄게.)

이번에는 안됩니다.

Not this time.

NORMAN   : Hmm?
JESSIE   : You know, make your plans.
NORMAN   : Oh, yeah.

They both get up and leave the room. Jessie sees off Norman at the door.
She stands with a troubled look and sighs.

♠ *EXT. WOODS. DAY*
An old freight car used as a bar.

NARRATOR   : The only plan Neal had was a trip to Black
             Jack's bar. An old freight car in the woods
             where any honest policeman would be unlikely
             to find it.

Neal is smoking and drinking at the bar.

NEAL   : So, it was this otter and her pups. I had a hell
             of a time tracking them.
NARRATOR   : After a few shots of vile whiskey brewed by
             Black Jack himself, Neal began to hold forth.
             He'd chosen Montana subjects to spin his lies
             about shooting, hiking, trapping, probably I
             figure, to impress the only other client at the
             bar, a ploy that was beginning to pay off.

The bartender pours a drink. Camera shows Neal talking, looking at a
tough-looking woman.

NEAL   : Anyway, she tried to lose me, again and again...

노 먼 : 네?

제 시 : 그래야 계획을 같이 세우지요.

노 먼 : 아, 네.

제시와 노먼이 일어나 방을 나간다. 제시는 노먼을 문 앞에서 배웅하고는 근심스러운 표정으로 서 있다가 한숨을 쉰다.

♠ 외부. 숲속. 낮

낡은 화물차를 개조한 술집이 보인다.

나래이터 : 닐의 유일한 계획은 블랙 잭네 바에 가는 거였다. 숲 속에 버려진 오래된 화물차를 개조한 것이어서 청렴한 경찰은 결코 찾아내지 못할 것 같았다.

닐이 바에서 술을 마시고 있다.

닐 : 수달하고 그 새끼들이었는데 추적하는데 엄청 시간이 걸리더라구.

나래이터 : 블랙 잭이 손수 만든 엉터리 밀주를 몇잔 마시더니 닐은 허풍을 떨기 시작했다. 그는 사냥하고 덫을 놓고 하는 횡설수설 거짓말의 주제로 몬타나의 사냥을 선택했다. 아마도 그 바의 유일한 다른 손님인 한 여자의 관심을 끌려는 수법인 것 같았는데 그 허풍은 효과가 있었다.

바텐더가 술을 따른다. 닐은 거칠어 보이는 한 여자에게 시선을 보내고 있다.

닐 : 어쨌든 그 놈은 나를 따돌리려고 갖은 애를 썼어요...

■ be unlikely to ~
  ~할 것 같지 않다. 가망성이 없다.
  (He is unlikely to win.)

■ otter
  수달.

■ pup
  새끼.

■ vile
  질 나쁜, 좋지 않은.
* Drunkenesss, a vile habit,
  will cause pain in your family.

■ brew
  양조하다.
* Beer is brewed from malt.
  (맥주는 맥아로 양조된다.)

■ hold forth
  장황히 늘어 놓다.

■ ploy
  계(책)략, 흥정. (trick, scheme)

■ pay off
  성과를 거두다.

열심히 공부한 결과 마침내 성과가 있었다.

His hard work finally paid off.

NARRATOR : She went by the name of Old Rawhide. About
ten years before, she'd been elected beauty
queen of Wolf Creek. She had ridden bareback,
standing up through the 100 inhabitants, mostly
male. Her skirts flew high and she won the
contest.

She drinks a shot.

NEAL : I couldn't feel my hands. I'm thinking about my
dog, Sport, that's with me. If it gets any colder, I
may have to slit him open and stick my hands in
to keep them from freezing. It would have been a
tough thing to do. But, hell, I did it before at the
Yukon. God knows I love that dog...

NARRATOR : She still wore a divided skirts of a horsewoman,
although they must have been a hardship in her
new profession.

NEAL : And there, on a branch waiting to jump on the
first deer is the goddamn otter.

*She gets up, comes over, and sits next to him. She puts her empty cup
down on the counter next to him.*

RAWHIDE : Hey, buster! What's an otter doing on the top of
Rogers Pass? I thought they swam down in the
creeks.

NEAL : *(to the host)* Jack! Bring this lady a whiskey. *(He
moves in close.)*

NORMAN : I got to shove off. And don't forget Friday,
fishing. *(He leaves the bar.)*

나래이터 : 그녀는 올드 로하이드라는 이름으로 통하는 여자였는데 10년 전에 미스 울프 크릭에 뽑힌 적이 있었다. 거의 대부분이 남자인 백명이 넘는 주민들 앞에서 안장도 없이 말을 달렸으니, 치마가 휘날린 덕에 거저 대회에서 당선된 거였다.

여자, 한잔 마신다.

닐   : 손에 감각이 없어지더라구. 그때 우리 개 스포트와 같이 있었는데 그 개가 생각났지. 내 생각에 날씨가 더 추워지면 그 놈 배를 째고 그 속에 손을 넣어 동상을 막으려고 했어. 좀 잔인한 일이기는 하지만. 그런데 유콘주에 가서 그런 적이 있긴 하지. 맹세코, 난 그 개를 정말 아꼈다구....

나래이터 : 그녀는 여전히 승마기사들이 입는 바지치마를 입고 있었다. 필시 그녀의 새로운 직업에는 힘겨웠을 텐데 말이다.

닐   : 그리고 나무가지에서 사슴을 덮치려고 하는 바로 그 자리에 그 얄미운 수달이 있더라구.

여자가 일어나 닐 곁에 와 앉는다. 자기의 빈 잔을 카운터 닐의 잔 옆에 놓는다.

로하이드 : 이것 보세요. 나뭇가지 위에서 수달이 뭘 하는 거죠? 호수로 다이빙이라고 하려는 거였나요?

닐   : (주인에게) 잭! 이 아가씨에게도 위스키 한잔 주라고. (그녀에게 가까이 다가앉는다.)

노 먼   : 난 그만 가야겠어요. 금요일 낚시 가는 거 잇지 말아요. (바를 나간다.)

■ ride bareback
안장없이 말을 타다.

■ slit (open)
째다.

■ stick into
찔러넣다.

■ keep⋯ from ~ing
(~가~하는 것을)
막다, 금하다, 억제하다, 삼가다.

■ profession
직업.

■ shove off
가다, 떠나다.

■ Don't forget.
(Remember~)
~을 잊지 마세요.
~을 꼭 기억하세요.
* Don't forget to remember me.
(잊지 말고 날 기억해주세요.)

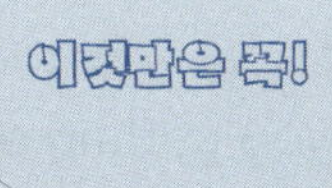

금요일, 낚시 잊지 마세요!

Don't forget Friday, fishing.

NEAL   : *(Still looking at the woman)* **What?**

♠ *INT. TAVERN. DAY*
Paul is drinking and smoking. He looks up at Norman, a little startled.

PAUL   : What say?
NORMAN   : They said I'd find you at your other office.
PAUL   : Yeah, deadline. Can't work there. You come for a
               drink?
NORMAN   : Um, a favor. *(sitting down)*
PAUL   : Uh-oh. *(takes a drag on his cigarette)*
NORMAN   : Go fishing with me?
PAUL   : Sure. *(chuckling)*
NORMAN   : Well, that's marvy, because Jessie's got a brother
               in from California and, uh... *(Paul groans)* I'm not
               gonna lie... he's a world champion peckerwood.

He puts his hat down on Paul's table.

PAUL   : Bait fisherman?
NORMAN   : He didn't say.
PAUL   : Good Lord. *(to a bartender)* **George!** *(getting up and
               going to the bar. Norman follows him.)*
               He'll show up with a coffee can full of worms. Red
               can, Hills Brothers. *(drinks a shot)*
NORMAN   : I promised Jessie.
PAUL   : *(looking seriously at Norman)* Are you getting serious?
NORMAN   : What?

닐　　　 : (여자를 계속 쳐다보며) 뭐라구요?

♠ 내부. 술집. 낮
폴이 술을 마시고 있다. 노먼이 들어오자 조금 놀란다.

폴　　　 : 어쩐 일이야?
노　먼　 : 여기 새 사무실이 가면 널 만날수 있다고 하더군.
폴　　　 : 그래, 원고 마감시간 때문에. 거기선 일을 할 수
　　　　　가 없어서. 한잔하러 온 거야?
노　먼　 : 부탁하러. (앉는다.)
폴　　　 : 저런, 뭔데? (담배를 물며)
노　먼　 : 나와 낚시 안 갈래?
폴　　　 : 좋지. (웃는다.)
노　먼　 : 잘 됐어. 캘리포니아에서 온 제시의 오빠가 있
　　　　　는데, 저어... (불평소리) 솔직히 말하면, 망나니
　　　　　세계 챔피온급인 사람이야.

노먼은 폴의 테이블에 모자를 놓는다.

폴　　　 : 미끼 낚시를 한데?
노　먼　 : 그런 말 안 했어.
폴　　　 : 맙소사. (바텐더를 부른다.) 조지! (일어나서 바쪽으
　　　　　로 간다. 노먼도 따라간다.)
　　　　　커피깡통에 지렁이를 잔뜩 가지고 나타날 거야.
　　　　　빨간 힐즈 브라더즈 커피 깡통. (술을 마신다.)
노　먼　 : 제시하고 약속했어.
폴　　　 : (노먼을 진지하게 쳐다보며) 두 사람 심각한 거야?
노　먼　 : 뭐라고?

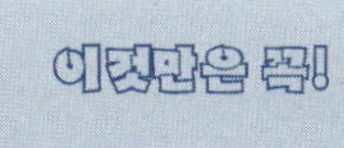

PAUL   : You son of a bitch. You're getting serious, you
              and Jessie.

Norman walks to the other side of Paul.

PAUL   : Well?
NORMAN   : I don't know.
PAUL   : *(smiling)* **Then I guess we got to do it.**

폴   : 이럴 수가, 두 사람 심각하네, 형하고 제시가.

노먼이 폴의 다른 쪽으로 자리를 바꿔 앉는다.

폴   : 아니야?
노 먼   : 모르겠어.
폴   : (미소지으면서) 그럼 같이 가야 되겠군.

■got to
구어에서는 have to 대신에 have
got to를 흔히 쓰며 have가 빠지
고 got만 남기도 한다.
* I've got to go now.
  = I got to go now.
  (이제 나가 봐야 겠어요.)

7 Fishing with Neal

♠ *EXT. THE RIVERSIDE. MORNING*
Norman waiting nervously and Paul smoking impatiently.
(car horn honking) They turn to look at the car.
(car horn honking) Neal's car is driving up.

PAUL : Whoa, whoa, whoa. *(running in front of the car)*
NEAL : *(in the car)* As I live and breathe.

Paul and Norman at the car window. Neal leans toward them. Neal and the woman are badly drunk.

RAWHIDE : Buster here wants to fish. *(leaning over too)*

Neal pours liquor and pepto bismol into a cup and drinks it.

NORMAN : You're late, Neal.
NEAL : Yeah, I didn't get in till late.

♠ 외부. 강가. 아침
노먼이 초조하게 닐을 기다리고 있다. 폴, 답답하여 담배를 피운다. (차 경적소리) 두 사람이 돌아본다.
(차 경적소리) 닐이 차를 타고 온다.

폴　　　 : 놀랠 일이군. (차 쪽으로 달려간다.)
닐　　　 : (차안에서) **내가 살아 숨쉬는 한.**

폴과 노먼이 차창을 들여다 본다. 닐이 그들에게 몸을 기울여 바라본다. 닐과 여자가 차 안에 만취해 있다.

로하이드 : (차안에서 몸을 기울여 내다보며) **이 인간이 낚시**
　　　　　　 하고 싶데요.

닐이 술과 게산제를 컵에 따라 마신다

노　먼　 : 늦었어요, 닐.
닐　　　 : 늦게까지 잠을 못 잤거든.

■ I didn't get in till late.
늦게까지 집에 가지 못했다.
get in= get in the house.

PAUL   : I didn't get in at all, but I was here.
NORMAN : Neal, Paul. Paul, Neal. *(they shake hands)*
PAUL   : Neal! Here in Montana, there are three things
                we're never late for... Church, work, and fishing.
NEAL   : Righty-o. Anywho, this is... *(introducing the woman to
                Paul and Norman)*
NORMAN & PAUL: We've met. *(Norman and Paul look at each other.)*
RAWHIDE : Don't go away.

*Neal takes another drink. Rawhide opens the door and gets out of the car.
She falls down, hung-over.*

RAWHIDE : Watch the first step. It's a lulu.
PAUL   : So.
NORMAN : You ready to..? *(to Neal, dozing in the car)* Neal. Neal!
NEAL   : What? *(suddenly comes to)*
NORMAN : Fishing.

Paul walks off, frustrated. Neal finishes off the drink.

RAWHIDE : Buster wants to fish.

Neal gets out of the car with a fishing pole.

PAUL   : Oh, Neal, what about the bait?

Paul and Norman both loading up to go.

NEAL   : Dumb dora.

*Thumping his head, he grabs the bait in a red coffee can out of the car.
They're walking through plants.*

폴   : 난 꼬박 밖에서 밤을 샜는데도 왔다구.

노 먼 : 닐! 폴이야. 폴! 닐이야.

폴   : 닐, 몬타나엔 지각해서는 안 되는 게 세 가지 있어요. 교회, 직장, 낚시야.

닐   : 좋아요. 어쨌거나 이쪽은.. (여자를 두사람에게 소개한다.)

노먼과 폴: 만난 적 있어요. (둘이 서로 쳐다본다.)

로하이드: 멀리가지 말아요.

닐이 또 한잔 마신다. 여자는 차문을 열고 밖으로 나온다. 술에 취해 비틀거리다가 넘어진다.

로하이드: 첫 발을 조심해야지. 망신살이 뻗쳤군.

폴   : 자, 그럼.

노 먼 : 준비됐어요...? (졸고있는 닐에게) 닐, 닐!

닐   : 뭐요? (갑자기 정신을 차리고)

노 먼 : 낚시요.

폴은 어이가 없는 듯 걸어가고, 닐은 술을 마저 마신다.

로하이드: 낚시를 하고 싶대요.

닐이 차에서 낚시대를 들고 나온다.

폴   : 닐, 미끼는요?

폴과 노먼이 낚시장비를 챙긴다.

닐   : 이런, 돌대가리.

닐이 머리를 때리며 차에서 미끼가 담긴 빨간 힐스 브라너즈 커피 깡통을 꺼낸다. 모두 초원을 걸어 간다.

- But I *was* here.
  나도 집에 못들어 갔지만 제시간에 도착해 있었다는 의미이므로 과거 동사를 쓴다.

- anywho
  anyhow의 잘못된 말
  어쨌든.

- watch one's step
  신중히 행동하다.
  발 밑을 조심하다.

- It's a lulu.
  (속어)
  = It's a big mistake.
  = It's a tough situation.

- bait
  미끼.

- what about~
  ~하는게 어떻겠는가. 상대에게 권유하며 ~하는게 어떻겠는가?
  * What about the stolen bag?
    (잃어버린 가방은 어떻게 되는거지?)
  * What about coming with me?
    (나와 같이 가는게 어때요?)
  * What about me?
    (나는 어떻게 해요?)

미끼는 어떻게 했죠? (미끼는 뭐죠?)

What about the bait?

NORMAN   : We're not going to catch anything. It's too damn
             hot.
PAUL   : May he catch three doses of clap. *(to himself)* **Sure
             glad I didn't get some sleep.** *(stops and looks back for
             Neal.)* **Aw! Where is he?**

They both start looking around.

NORMAN   : I'll catch up.
PAUL   : Yeah.

*Norman turns back, Paul continues on... Paul wades through the river
toward Norman, lying down his head on a rock. Paul opens Norman's
empty knapsack and smiles.*

NORMAN   : I know. You got 20.

Norman tips his hat up from his face so he can see Paul.

PAUL   : Couldn't you find him?
NORMAN   : The hell with him.
PAUL   : I thought we were supposed to help him.
NORMAN   : How do you help that son of a bitch?
PAUL   : By taking him fishing.
NORMAN   : He doesn't like fishing, doesn't like Montana. Sure
             as hell doesn't like me.
PAUL   : Well, maybe what he likes is somebody trying to
             help him.

Paul looks up at the sky, Norman peers at Paul.

PAUL   : You sank the beer, yeah?

노　먼　: 아무것도 못 잡겠다. 날이 너무 뜨거워.

폴　　　: 닐은 성병균이나 잔뜩 잡겠지. (혼잣말로) 잠을 못 잔 게 다행이군. (멈춰서 뒤를 돌아보고 닐을 찾는다.) 닐은 어디갔지?

두사람이 주변을 둘러본다.

노　먼　: 내가 찾아볼게.

폴　　　: 알았어.

노먼은 온 길로 돌아가고 폴은 계속 걸어간다... 폴이 노먼 쪽으로 강을 건너온다. 노먼은 돌을 베고 누워있다. 폴은 노먼의 빈 바구니를 열어보고 웃는다.

노　먼　: 넌 20마리쯤 잡았겠지?

노먼은 얼굴을 덮고있던 모자를 들치고 폴을 쳐다본다.

폴　　　: 닐을 못 찾았어?

노　먼　: 말도 꺼내지마.

폴　　　: 우리가 도와줘야 하는 건 줄 알았는데.

노　먼　: 그 망나니를 무슨 수로 도와.

폴　　　: 낚시를 데리고 가는 거로.

노　먼　: 그는 낚시를 좋아하지도 않아. 몬타나를 좋아하지도 않고, 나는 더더욱 좋아하지 않아.

폴　　　: 아마 누군가 자기를 도와주는 것은 좋아할거야.

폴은 하늘을 쳐다본다. 노먼은 폴을 흘끗 바라본다.

폴　　　: 맥주 채워 놨어?

■ We were supposed to help him.
우리가 도와줬어야 했어.
be supposed to~하면 ~하기로 되어 있다의 뜻으로 예정된 일이나 기대된 일이 발생하지 않았을 때 사용한다.
* He was supposed to call me yesterday.
(그는 어제 내게 전화하기로 되어 있었다.)

■ catch up
~을 따라잡다.
* Running, she caught up with her friend.
(그녀는 뛰어서 친구를 따라갔다.)

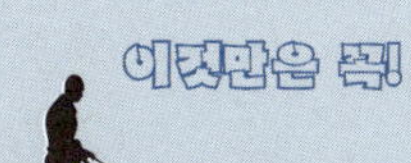

내가 곧 따라갈게.

I'll catch up with you.

NORMAN : You bet your life.

PAUL : *(standing up)* **Yeah. Okay, let's go.**

Norman stands up and follows him. They both wade across the river.

PAUL : **Oh, jeez, I can taste it.**

They see a pile of empty beer bottles.

PAUL : **Should we kill him?**
NORMAN : **Shit.**
PAUL : **Goddamn it.** *(He kicks the bottles)*
NORMAN : **Holy Christ.**

They walk over and, through the trees, see Neal and Rawhide on the ground, naked and passed out. Paul smiles. They approach.

NORMAN : **This is not good.**
PAUL : **She's got a tattoo.**
NORMAN : **Initials?**
PAUL : *(Peering down)* **No. "love."**

They both start laughing.

(groaning) Norman helping Neal into one car. Paul helping Rawhide into another car.

RAWHIDE : **I can get in myself. I don't need help. You got anything to drink, buster?** *(wearing a towel)*
PAUL : **Buster's the one with the red ass.**

Paul and Norman get into the drivers seat of each car.
(Neal grunts.)

노 먼 : 그야 물론이지.
폴   : (일어선다.) 좋아, 가자. 맥주 맛이나 보자고.

노먼도 일어나 폴을 따라간다. 둘은 같이 강을 건넌다.

폴   : 야, 한모금 마셔야겠다.

빈 맥주병이 쌓여있다.

폴   : 가만두면 안되겠지?
노 먼 : 빌어먹을.
폴   : 기가 막히는군. (병을 발로 찬다.)
노먼 : 맙소사.

폴과 노먼은 나무사이로 옷을 벗고 인사불성으로 누워있는 닐과 여자를 발견한다. 폴이 웃는다. 다가간다.

노 먼 : 이거 참 민망하군.
폴   : 저 여자 문신이 있네.
노 먼 : 이름인가?
폴   : (가까이 본다.) 아니, LOVE야.

둘이 같이 웃기 시작한다.

(신음소리) 노먼이 닐을 차에 태우고 있다. 폴은 여자를 그의 차에 태운다.

로하이드 : 혼자 탈 수 있다구요. 혼자서도. 이봐요, 아저씨
          마실 것 좀 없어요? (타올을 두른다.)
폴   : 아저씨는 엉덩이가 익은 저 사람이죠.

폴과 노먼이 각자 운전대에 앉는다.
(닐의 신음소리.)

■ You bet your life.
  당연한 일이지, 물론이고 말고.

■ tattoo
  문신, 문신하다.

■ initial
  성명의 첫 글자.

■ be supposed to~ (p.132)
  (당연히)~ 하기로 되어있다.
  (그런데 하지 않은 경우)
  = be expected to
* He was supposed to call me
  yesterday.
  (그는 어제 내게 전화하기로 되어
  있었다.)

우리가 그를 돕기로 되어있있다.

We were supposed to help him.

NORMAN   : I'm in deep trouble. *(Looking at Paul in the other car)*
PAUL   : You want me to come and protect you?
NORMAN   : Mrs. Burns would love to meet the girlfriend.
RAWHIDE : I ain't burned. The sun don't bother me.
NORMAN   : Yeah.
PAUL   : Norm, what do you think about me spending the
                night with you in the forest? We come back here
                tomorrow, wipe this day off the books.
NORMAN   : It's a deal.
RAWHIDE : Come on, buster. I'm as dry as dirt.
PAUL   : Hark, fair Juliet speaks. *(to Norman)* Good luck.
                (starting the car)

♠ *EXT. JESSIE'S HOUSE. DAY*

NEAL   : Ow! *(groans)*

Norman and Neal walking through the front gate, Neal still naked, painfully creeping up the house steps. Mrs. Burns looks out the front door window.

MRS. BURNS: Sweet Jesus. What have you done to my boy?

She and Jessie come out of the house. Mrs. Burns runs to grab Neal by the shoulders. He clenches his body in pain.

NEAL   : No, ow!
NORMAN   : He fell asleep in the sun.
MRS. BURNS: My lord in heaven. It's all right. It's all right, honey. We'll fix it.

노 먼   : 내가 골치 아프게 됐어. (다른 차에 있는 폴을 바라
             보며)
폴   : 내가 같이 가서 변호해 줄까?
노 먼   : 번즈 부인은 아들의 여자친구를 보고 싶어하실
             걸!
로하이드: 난 안 탔어요. 태양은 날 괴롭히지 않아요.
노 먼   : 그렇겠죠.
폴   : 형, 하룻밤 우리 여기서 같이 지내는 게 어때?
             내일 다시 와서 오늘 일을 만회하자구.
노 먼   : 그것도 괜찮지.
로하이드: 이봐요, 아저씨. 목이 타서 죽겠어요.
폴   : 라고 쥴리엣은 말했다. (노먼에게) 행운을 빈다구!
             (차의 시동을 걸면서)

♠ 외부. 제시집. 낮

닐   : 아야! (신음소리)

노먼과 닐이 대문으로 들어선다. 닐은 여전히 벗은 채로 고통스러
운 듯 현관계단을 밟는다. 번즈 부인이 현관창문으로 내다본다.

번즈부인: 맙소사! 도대체 내 아들에게 무슨 짓을 한 거예
             요?

번즈 부인과 제시가 집 밖으로 나온다. 번즈 부인이 닐의 어깨를 감
싸 부축하려고 하자 닐이 고통스러운 듯 몸을 움추린다.

닐   : 아야!
노 먼   : 뙤약볕에서 잠이 들었어요.
번즈부인: 세상에... 하느님 맙소사! 괜찮다, 닐, 괜찮아.
             우리가 도와줄게.

■ be in trouble
  힘든 일, 곤란한 일에 처하다.

■ wipe~ off the books
  닦아내다, ~을 잊어 버리자,
  없던 일로 하자.

■ as dry as dirt
  목이 타다.

■ What have you done to my boy?
* What have you done (to~)
  (무슨일을 저지른 거야.)
* What are you doing.
  (너 지금 무슨 행동을 하는 거냐?)
* What on earth have you done
  to my car?
  (내 차를 도대채 어떻게 한거야?)

■ It's a deal.
  deal이 거래, 약속의 뜻으로 쓰여
  서, 상대방의 제안에 '좋아, 약속
  했어, 서대가 성사되었어' 정도로
  쓰임.

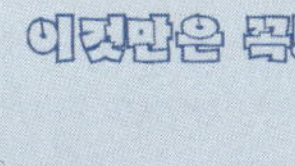

좋습니다. 그렇게 합시다.

It's a deal.

She helps him into the house.

JESSIE   : You left him alone, Norman?
NORMAN   : He brought someone and, uh...
JESSIE   : I think you better go home.

She goes into the house and slams the door. Norman starts to leave, then turns around and goes up the front steps. knocks on door. Jessie opens the door.

NORMAN   : I need a ride home.

Jessie grabs keys and walks out the door, past him.

♠ *EXT AFTERNOON. IN THE CAR*
Jessie and Norman are in the car, on the road. She slows and stops as they approach two parked cars at a huge mud puddle, blocking the road. She looks behind at a bridge and then starts to back the car up.

JESSIE   : You better hang on.
NORMAN   : What are you doing?

Jessie drives off the road and onto some train tracks.

NORMAN   : I don't think you, uh... *(the car drives in the tunnel)* They send trains down here all the time without a schedule. They're not, uh... I don't think they can see us in here.

They drive through a tunnel and over a bridge. Norman looks over the side, nervous. Jessie looks at him, smirking.

닐을 데리고 집에 들어간다.

제 시 : 오빠를 혼자 내버려둔 거에요?
노 먼 : 누군가를 데리고 왔거든요.
제 시 : 그만 집에 가보시지요!

제시는 문을 꽝 닫고 들어간다. 노먼은 가다가 다시 돌아와 현관문으로 간다. 문을 두드리자 제시가 나온다.

노 먼 : 집에 좀 태워다 주겠소?

제시는 열쇠를 가지고 나와서 노먼을 지나쳐 걸어간다.

♠ 외부. 늦은 오후 차 안
제시와 노먼이 차를 타고 가고 있다. 길 앞 큰 웅덩이 앞에서 차 두 대가 멈춰서 있다. 제시는 차를 멈추고 잠시 기다리다가 뒤돌아 다리를 쳐다보고는 차를 후진시킨다.

제 시 : 꽉 잡아요.
노 먼 : 어쩔려구요?

제시는 길을 벗어나 다리 위 기찻길로 차를 몰기 시작한다.

노 먼 : 설마 당신... (차가 터널로 들어간다.) 아무 때나
          예고 없이 열차가 이리로 다녀요. 기차가, 저...
          여기선 우릴 보지도 못할 걸요.

차가 터널을 나와 강 위의 다리 위로 달린다. 노먼은 겁에 질려 강을 내려다본다. 제시는 비웃듯이 노먼을 쳐다본다.

■ left~ alone
  ~를 혼자 버려두다.
* Please leave me alone.
  날 혼자 내버려 두세요.
  (혼자 있게 해 주세요.)

■ without a schedule
  예정된 시간 없이, 시도 때도 없이.

■ I need a ride home.
  집에 태워다 주십시오.
  give ~ a ride to… :~를 …에
  태워다 주다.
* Could you give me a ride
  to school?
  (학교에 좀 태워다 주세요.)

집에 좀 태워다 주세요.
I need a ride home.

She pulls up to his place and stops. He looks at her a moment and gets out of the car.

NORMAN   : Well, thanks for the flight.

JESSIE   : You know you're funny. *(Looking seriously at him, and he at her.)*

NORMAN   : Oh, how am I funny?

JESSIE   : You, uh, you don't like my brother, do you?

NORMAN   : No, I do not like your brother. I don't know any card tricks, Jess. But I like you and I want to see you again.

She starts to drive away. Car horn honking. Paul blocks her with his car.

PAUL   : Hey! Hello, Jess. *(He stands up in his car.)*

JESSIE   : Hey, Paul.

PAUL   : How's your brother?

JESSIE   : You both left him alone.

PAUL   : I'm sorry about that. That was my fault.

JESSIE   : Well, you're not forgiven.

PAUL   : Was Norman forgiven?

JESSIE   : Norman's not funny.

She drives around him and away.

PAUL   : Ooh.

♠ *INT. PASTOR'S HOUSE. EVENING*
They're all sitting around the dinner table.

♠ 외부. 길. 황혼녘
제시가 노먼의 집 앞에 차를 세운다. 노먼은 잠시 제시를 보다가
차에서 내린다.

노 먼 : 태워다줘서 고마워요.

제 시 : 당신 재미있는 사람이에요. (서로 심각히 쳐다본
다.)

노 먼 : 그래요? 어떻게 재미있죠?

제 시 : 당신. 당신 우리 오빠를 싫어하죠?

노 먼 : 맞아요, 당신 오빠를 싫어해요. 난 거짓말 못해
요, 제시. 하지만 당신은 좋아요. 그래서 다시
만나고 싶어요.

제시는 차를 몰고 간다. 경적소리. 폴의 차가 옆길에서 나와 그녀
의 차와 마주친다.

폴 : 안녕, 제시. (차 안에서 일어선다.)

제 시 : 안녕, 폴.

폴 : 오빠는 어때요?

제 시 : 당신 둘이 오빠를 혼자 내버려두었죠?

폴 : 미안해요. 내 잘못이었어요.

제 시 : 당신을 용서할 수 없어요.

폴 : 형은 용서했구요?

제 시 : 노먼은 재미없어요.

제시는 폴의 차를 돌아서 가버린다.

폴 : 우~.

♠ 내부. 목사집. 저녁
모두들 식탁에 앉아있다.

■ thanks for the flight
보통 thanks for the ride를 쓰지
만 Jessie가 다리 위의 철길을 운전
해 왔기 때문에 ride 대신 flight를
사용했다.

■ I don't know any card tricks.
= I want to be honest (with you).
(당신에게) 거짓말하고 싶지 않다.
솔직히 말하겠다.
* card tricks: 거짓말 (카드놀이에서
하는 속임수).

■ That was my fault.
내 잘못이에요, 내 책임이에요.
= I am responsible for that.

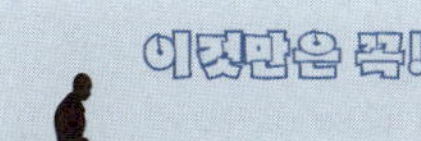

모두 다 내 잘못이에요.

That was all my fault.

MRS. MACLEAN : And I hung fresh towels on the washstand
                for you.
PAUL   : Did you remember to powder my toothbrush?
MRS. MACLEAN : Oh.
REV. MACLEAN : Let Paul tell his latest story.
PAUL   : Oh, yes. Which one? The murder or the fire?
REV. MACLEAN : They should put you on the church beat.
PAUL   : *(rubbing his eye)* I agree. Quote, The Reverend
                Maclean had a nice roast while dining with
                his family. All except the poor, elder son
                enjoyed it immensely.

*Paul directs his comment at Norman who has his head down but suddenly
looks up.*

MRS. MACLEAN : *(to Norman)* Norman, what's the matter?
PAUL   : He's not funny.
MRS. MACLEAN : Pardon me?
PAUL   : *(whispering)* He's not funny. *(Norman laughs
                lightly.)*
REV. MACLEAN : There are more important accomplishments.
                It's all right if you're dull.

Norman grins a one-sided grin.

MRS. MACLEAN : No. We're very proud of you.
PAUL   : Yes. I do have one story. No murder, no
                mayhem. I interviewed the President. *(all look
                shocked.)*

맥클레인 부인: 새 수건을 걸어놨다.

폴 : 내 칫솔에 파우더 뿌리는거 잊지 않으셨죠?

맥클레인 부인: 아아.

맥클레인 목사: 폴의 최근 이야기를 들어 보자구.

폴 : 아 네. 어떤 걸로 할까요? 살인사건? 아니면 화재 이야기?

맥클레인 목사: 그들이 네 취재 구역을 교회로 바뀌어줘야 되겠구나.

폴 : (눈을 비비면서) 저도 동감입니다. 기사, '맥클레인 목사는 저녁식사 때 식구들과 함께 맛있는 고기를 들었다. 장남만 제외하고 전 가족은 모두 매우 맛있게 먹었다고 한다.'

노먼을 가르키는 말에 고개를 숙이고 있던 노먼이 갑자기 고개를 들고 쳐다본다.

맥클레인 부인: (노먼에게) 무슨 일 있니?

폴 : 형은 재미가 없대요.

맥클레인 부인: 무슨 말이니?

폴 : (작은 소리로) 형이 재미 없는 사람이래요.
(노먼이 가볍게 웃는다.)

맥클레인 목사: 세상엔 성취할 더 중요한 일이 있는 거다. 재미없으면 어떠냐.

노먼이 혼자 쓸쓸한 미소를 짓는다.

맥클레인 부인: 재미가 없긴, 우린 널 매우 자랑스럽게 생각한단다.

폴 : 맞아. 살인이나 상해 기사 말고 다른 이야기가 있어요. 대통령과 인터뷰를 했어요.
(모두들 깜짝 놀란다.)

■ washstand
세면장.

■ latest story
최근의 이야기.

■ immensely
아주, 굉장히.

■ Pardon me?
I beg your pardon?의 줄임말.
상대편의 말을 되물을 때 쓴다.

■ dull
무딘, 단조롭고 지루한, 답답한.

■ mayhem
(미법) 신체 상해(죄), 대혼란.
* Mayhem broke out when the smoke started to pour into the room.
(화염이 방안으로 쏟아져 들어오자 대혼란이 야기되었다.)

■ What's the matter?
무슨 일이니?
What's wrong?
What's the problem? 이 같은 의미로 사용된다.
* What's the matter with him?
(그 사람 왜 그러지요? 그 사람에게 무슨 일이 있나요?)

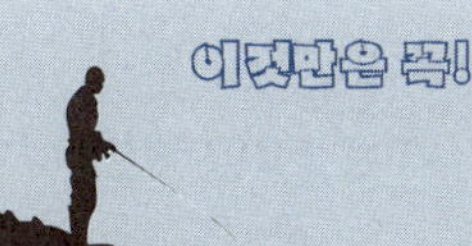

REV. MACLEAN : Calvin Coolidge?

MRS. MACLEAN: Mr. Coolidge?

REV. MACLEAN : When?

PAUL : A few days ago, he was over in Dakota, fly-fishing.

REV. MACLEAN : Fly-fishing! *(holding his mouth open in awe)*

PAUL : Fly-fishing in a suit and tie, white gloves and patent leather shoes. So I asked him. I went right up to him. I said, "Excuse me, sir. Can you tell me what they're biting on?" He says, "The end of my line." *(Reverend and Paul laugh.)*

MRS. MACLEAN: What? *(shrugs)*

PAUL : "The end of my line." Then the bunch of locals came over, tied on some fly the size of a chicken. *(Reverend laughs.)* Old Cal, he heaves it out there. Figured if he can't catch a trout, he'll scare one to death.

Paul shakes his head. Reverend laughs.

MRS. MACLEAN: Did you get a picture?

PAUL : Yeah. It'll be in the Sunday paper. *(moving his hand as though scanning the headline)* "Closed-mouth Cal Communes with the Crappies." *(closes his eyes, shakes his head and grunts)* Ah, Mother, that was amazing.

NORMAN : *(aside to his mother)* He usually eats what he hits on the road.

맥클레인 목사: 켈빈 쿨리지 말이냐?

맥클레인 부인: 쿨리지씨?

맥클레인 목사: 언제?

폴　　　　: 몇 일 전 그가 다코타에 플라이 낚시하러 왔을 때요.

맥클레인 목사: 제물낚시! (놀라 입을 다물지 못한다.)

폴　　　　: 양복에 타이 매고 흰 장갑 끼고 고급 에나멜 구두를 신고 플라이 낚시를 했죠. 그래서 제가 물었죠. 곧바로 대통령 앞으로 다가가서 "실례합니다. 고기가 무얼 뭅니까?" 라고 했더니, "낚싯줄 끝이요." 하더군요. (목사와 폴이 웃는다.)

맥클레인 부인: 뭐라고? (어깨를 으쓱한다.)

폴　　　　: "낚싯줄 끝"이요. 그때 사람들이 달려오더니 닭 만한 미끼를 달아 주더라구요. (목사가 웃는다.) 그 칼 노인네는 그걸 드느라 애 먹었어요. 한 마리도 못 잡으면 아마 누군가는 겁먹겠죠.

폴은 고개를 젓는다. 목사는 웃는다.

맥클레인 부인: 사진 찍었니?

폴　　　　: 네. 일요일 신문에 날 거예요. (헤드라인을 집듯이 손짓을 하며) "입을 굳게 다문 칼 대통령, 피래미와 대화하다."(폴은 눈을 감고 고개를 젓는다.) 아, 어머니, 아주 맛있었어요.

노 먼　　: (어머니에게) 폴은 항상 밖에서 길 가다가 부딪치는 것을 먹죠.

- **patent leather shoes**
  (반짝이는) 에나멜 가죽 구두.

- **fly**
  (낚시) 플라이 낚시, 생곤충 미끼.

- **heave out**
  던지다. 들어 올리다.

- **It'll be in the Sunday paper**
  일요일 신문에 날 거예요.
  '신문에 나다' 의 표현은 be in the paper(s) 이다.
  발간 시기에 따른 신문의 구분은 daily, morning, evening, weekly 등이 있다.

- **crappie**
  크래피(작은 담수어).

- **He usually eats what he hits on the road.**
  = He eats dead animals.
  길에서 자동차에 치인 동물을 먹는다는 뜻으로 여기에서 노먼은 폴이 못마땅해서 비꼬고 있다. (길에서 만나는 누구하고든 어울린다는 의미로 보여짐.)

- **in a suit and tie**
  양복에 타이 매고.
  ~입거나 착용한 모습을 표현할 때 전치사 in을 쓴다.
  * in slippers (슬리퍼를 신고)
  * a man in a tuxedo (턱시도를 입은 사람)
  * a girl in red (빨간 옷을 입은 소녀)

그는 보통 정장을 입고 교회에 간다.

He usually goes to church in a suit and tie.

PAUL   : *(to Norman)* **Now..... *(his eyebrows raised)* that
                  was funny.**

MRS. MACLEAN : **You know, I do worry about you...**

PAUL   : *(to Norman)* **But I think I'm going to run over...**
                  (stops talking and looking at his mother) **huh?**

MRS. MACLEAN : **What?**

REV. MACLEAN : *(looks up bewildered)* **What?**

PAUL   : **Oh, I was just going to say...** *(getting up from
                  table)* **I thought I'd go meet some old pals
                  being in town and all.** *(Norman follows Paul with
                  his eyes.)*

PAUL   : **Don't you wait up.** *(Paul puts on his hat.)* **I plan
                  on eating the rest when nobody's looking.**

Leaning over his mother's shoulder, waves his hand, and leaves.
All sit without saying a word. Mother gets up and walks into the kitchen.
Reverend gets up slowly. Norman follows with his eyes. Father stands
with his back to Norman.

REV. MACLEAN : **I understand he's changed the spelling of
                  our name Maclean, with a capital "L."** *(slowly
                  shakes his head)* **Now everyone will think
                  we're Lowland Scots.**

Father leaves and goes upstairs. Norman continues to sit at the table and
puts his face in his hands.

폴   : (노먼에게) 이번엔.. (눈썹을 치켜올리며) ...형
             도 꽤 재미있군.

맥클레인 부인: 난 네가 걱정이....

폴   : (노먼에게) 그렇지만 내가 어디에 가려고...
             (말하다가 어머니를 쳐다본다.) 뭐라고 하셨
             죠?

맥클레인 부인: 뭐라구?

맥클레인 목사: (무슨 말들인가 몰라서) 뭐라구?

폴   : 아, 그러니까 제 말은.. (자리에서 일어선다.)
             이제 시내로 친구를 만나러 가야된다는 말
             입니다. (노먼이 폴을 쳐다본다.)

폴   : 기다리실 필요 없어요. (모자를 쓴다.) 아무
             도 보지 않을 때 혼자 와서 나머지를 먹을
             게요.

어머니의 어깨를 지극히 눌러주고 손을 흔든 후 나간다.
모두들 말없이 앉아있다. 어머니는 일어나 부엌으로 간다. 목사도
천천히 일어난다. 노먼은 아버지를 바라본다. 부친, 노먼에게 등을
돌린 채 말한다.

맥클레인 목사: 폴이 우리 성 "멕클레인"의 철자를 바꾼
             걸 안다. 엘(L)자를 대문자로 바꿨지.
             (천천히 고개를 저으며) 남들은 우리를 스코
             틀랜드 남부에서 온 걸로 알 거야.

부친이 방을 나가 위층으로 올라간다. 계속 아버지의 모습을 바라
보던 노먼, 두 손으로 머리를 감싼다.

■ Now that was funny.
그거, 재미있는 말이군.
어이 없거나, 불쾌감을 나타낼 때
now를 사용한다.
* Now, how can you say that?
(아니, 어떻게 감히 그런 말을 할
수 있어?)

■ run over
~에 가다.

■ pal
보통 남자친구, 동료의 뜻으로 구
어체에서 많이 쓰임.

■ wait up
자지 않고 (사람을) 기다리다.

■ Don't you wait up.
기다리실 필요 없어요.
누군가를 기다리느라 늦게까지 잠
을 못 잔 경우에는 'wait up' 을
사용하는데, 예를 들어
"Don't wait up for me. I'll be
very late."은 "기다리지 말고 자
요. 많이 늦을 테니까."가 된다.
'be up all night'은 '밤새 자지
않고 깨어 있다' 는 뜻으로 비슷한
표현에는 'stay up' 이 있다.

■ the rest
나머지.
여기서는 남긴 음식.

재즈(jazz)에 대해

♪ 재즈의 탄생

재즈는 흑인의 민속음악과 백인의 유럽음악이 결합되어 미국에서 생겨난 음악이다. 그래서, 재즈의 리듬·프레이징·사운드·블루스 하모니는 아프리카음악의 감각과 미국 흑인 특유의 음악감각에서 나오고, 사용되는 악기·멜로디·하모니는 유럽의 전통적인 수법을 따르고 있다.

♪ 재즈의 특징

재즈는 오프 비트의 리듬에서 나온 스윙감(感), 임프로비제이션(즉흥연주)에 나타난 창조성과 활력, 연주자의 개성을 많이 살린 사운드와 프레이징의 3가지 특징을 나타내고 있으며, 이것들이 유럽음악 · 클래식음악과 근본적으로 다른 점이라고 할 수 있다.

♪ 재즈의 어원

재즈의 어원에는 야비하고 외설스러운 뜻을 지닌 영국의 고어(古語) 재즈(jazz)에서 비롯된 것이라는 설, 19세기부터 미국 남부의 흑인들이 사용한 성행위(性行爲) 등의 성적(性的) 의미와 열광이라든가 빠른 템포나 리듬을 뜻하는 속어 재즈에서 비롯된 것이라는 설, 드럼 연주자 찰스의 이름이 Charles → chas → Jass → Jazz로 전환된 것이라는 설 등이 있다.

위와 같은 특색을 지닌 흑인음악을 재즈라고 부르게 된 것은 1910년대에 들어서부터이며 그 이전에는 일반적으로 래그타임음악 또는 래그(rag)라고 불렀다. 재즈는 여러 가지 차별이나 기성개념에 반항하면서 퍼레이드의 행진음악에서 댄스음악 그리고 감상을 위한 음악으로 발전하여 지금은 미국뿐만 아니라 세계적인 현대음악의 괄목할 만한 한 분야가 되고 있으며 앞으로도 새로운 내용 · 스타일이 창출될 것이다

♪유명한 재즈 연주자 : 루이 암스트롱

재즈초기의 뉴올리언즈 스타일을 오늘날까지 전한 재즈의 선구자로 우리에게 잘 알려진 트렘펫 연주자이자 가수로는 루이 암스트롱 [Armstrong, Louis Daniel (1900.7.4. ~ 1971.7.6.)]이 있다.

그는 가난한 흑인의 아들로 태어나 소년시절 소년원에서 코넷을 배우고 1922년 시카고에서 킹 올리버악단에 들어가 주목을 끌었다.
그후 악기를 트럼펫으로 바꾸어 점차 인기가 높아졌으며, 1925~1928년 자신의 악단인 '핫 파이브(Hot Five)' 및 '핫 세븐(Hot Seven)'의 이름으로 취입한 그의 레코드들은 재즈 역사상 불후의 명연주로 꼽히고 있다.

1931년에는 대악단을 조직, 이듬해부터 여러 차례 유럽여행을 하여 큰 성공을 거두고 1947년에는 악단 '올스타즈'를 결성하여 죽기 전까지 활약하였다.

전성기의 그는 음색·기교·감정 등 모든 점에서 가장 뛰어났고, 재즈의 여러 면에 큰 영향을 미쳤다. 특히 그가 재즈 연주에 있어 독주의 중요성을 확립한 것과, 또 가수로서 스캣(scat) 창법을 처음으로 사용한 점 등은 간과할 수 없는 일들이다. 여기서 스캣 창법은 가사 대신 "다다다디다다" 등 아무 뜻도 없는 소리로 노래하는 창법으로, 1926년 루이 암스트롱이 《Heebie jeebies》라는 곡을 취입하던 중, 악보를 떨어뜨려 즉흥적으로 부른 것이 그 시초가 되었으며, 1940년대 밥(bop) 유행기에 엘라 피체럴드 등이 이 기법을 사용하면서부터 널리 보급되었다. 뒤에 밥 싱잉(bop-singing)이라고도 하였다.

(인용 및 참조: 두산 세계대백과 사전)

♠ *EXT. PORCH OF PASTOR'S HOUSE. DAY*
Norman sitting on porch, reading a book, with his feet propped up on the
porch railing. Mr. Sweeney, the mailman, comes up the front walk.

MR. SWEENEY: Howdy, Norman.

NORMAN : Hi, there, Mr. Sweeney. *(lays his book aside and gets*
   up.)

MR. SWEENEY: Who do you know at the University of
   Chicago? *(Norman takes letter and looks puzzled at it.)*
   Chicken in a car, *(turning to go)* car won't go. That's
   how you spell Chicago. *(laughs as he is leaving)*

Norman leans against the edge of porch, reading the letter. Close-up of
the letter. Letter offers him a position as Instructor of English Literature
and admittance to graduate school. He turns and walks into the house.

♠ 외부. 목사집 문 앞 포오치. 낮

노먼이 문앞 포오치에서 난간에 다리를 올려놓고 앉아 책을 읽고 있다. 우편배달부 스위니씨가 현관 쪽으로 걸어온다.

스위니씨: 잘 있었니?

노 먼 : 안녕하세요? 스위니씨. (책을 내려놓고 일어선다.)

스위니씨: 시카고 대학에 아는 사람있니? (노먼이 편지를 받아들고 의아해 한다.) (돌아서 가면서) **식칼이 차에 있으면 차가 "고-"를 안한데. 그래서 시카고라고 했대.** (웃음소리)

노먼이 포치 기둥에 기대어 편지를 읽는다. 편지의 내용이 클로즈업된다. "1926년 가을 학기부터 영문학 강좌를 맡아주시면 고맙겠습니다." 편지내용은 노먼이 시카고 대학 영문과에서 강의를 하고, 대학원에 입학하게 되었음을 알리는 것이다. 노먼 집안으로 들어간다.

■ howdy

how do you do의 단축형.

■ Chicken in a car, car won't go.

이 문장에서 발음을 따서 chi-ca-go라는 이름이 생겼다는 우스개소리.

(그대로 번역하면 '차안에 닭이 있으면 차가 가지 않는다.')

♠ *INT. INSIDE THE HOUSE. DAY*

Father's voice is heard, reading in the background. Norman stands at door to his father's study and takes up quoting.

NORMAN : Though nothing can bring back the hour of splendor in the grass, of glory in the flower, we will grieve not, rather find strength in what remains behind...

REV. MACLEAN : *(Father continues quoting)* In the primal sympathy which having been must ever be,

NORMAN : *(close-up of Norman quoting again)* in the soothing thoughts that spring out of human suffering,

REV. MACLEAN : *(Father quotes)* In the faith that looks through death,

NORMAN : *(Close-up of Norman quoting)* Thanks to the human heart by which we live, thanks to its tenderness, its joys, and fears. To me, *(close-up of Father looking at Norman)* the meanest flower that blows

NORMAN & REV. MACLEAN: *(both together)* can give thoughts that do often lie too deep for tears. *(both smiles to each other.)*

♠ *EXT. TRAIN STATION. DAY*

MR. BURNS : Good luck, son. We'll be rooting for you *(shakes Neal's hand.)*

MRS. BURNS : There's sandwiches in here. *(handing basket of food to Neal, then hugs him.)*

NARRATOR : It was one week before I spoke to Jessie again. She told me that Neal was going back

♠ 내부. 집 안. 낮

목사가 시를 읽는 소리가 들린다. 노먼이 아버지의 서재 앞에 서서
아버지가 읽는 시를 받아 암송한다.

노　먼 : "아무것도 풀의 광휘와 꽃의 영광된 시절
　　　을 돌이켜 놓을 수 없다해도 우리는 슬퍼
　　　하지 않으며 오히려 힘을 얻으리, 뒤에 남
　　　겨진 것들 속에서…

맥클레인 목사: (아들에 이어서) 언제나 있어 왔고 앞으로도
　　　영원히 존재할 근원적인 감응 속에서…

노　먼 : (클로즈업)….인간의 고통 속에서 샘물처럼
　　　솟아 나오는 따스한 배려의 마음 속에서,

맥클레인 : 죽음을 뚫고 그 너머를 바라보는 믿음 속
　　　에서.

노　먼 : (클로즈업) 우리의 삶을 지탱해주는 인간의
　　　마음 때문에, 그 다정함과, 환희와, 두려움
　　　때문에 힘을 얻는다. 나에게는 (아들을 쳐다
　　　보는 맥클레인 목사가 클로즈업된다.) 바람에
　　　날리는 가장 연약한 꽃 한 송이조차

노먼과 목사 : (두 사람이 같이) 눈물로 흘려보내기엔 너무
　　　도 깊은 상념을 준다."(함께 바라보며 미소
　　　를 짓는다.)

♠ 외부. 기차역. 낮

번즈씨 : 잘 가거라, 아들아. 우린 너를 축원할거야.
　　　(닐과 악수를 한다.)

번즈 부인 : 여기 샌드위치 있다. (닐에게 샌드위치가 든
　　　바구니를 주고 껴안는다.)

나래이터 : 일주일 후에 제시로부터 전화가 왔었디. 오
　　　빠가 캘리포니아로 돌아갈 계획인데 내가

■ soothe
　진정시키다, 달래다.

■ thanks to
　～의 덕택으로.
* Thanks to his help, I could
　finish the homework.
　(그의 도움덕에 숙제를 끝낼 수 있
　었다.)
　owing to, because of의 뜻으로
　나쁜 일에도 사용된다.
* Thanks to the traffic jam,
　I came late.
　(교통체증 때문에 늦었어.)

■ the meanest flower that blows:
　바람에 날리는 가장 연약한 (초라
　한) 꽃.
　(노먼과 목사가 낭송하는 이 시는
　워즈워드의 송시 (Intimation
　Ode) 10~11의 일부이다.)

■ root (for)
　응원하다, 격려하다, 축원하다.
* The students are rooting for
　their team.
　(학생들은 그들의 팀을 응원하고
　있다.)

■ Good luck (to you).
　행운을 빕니다. 잘 되기를 바래요.
　행운을 빌어주는 가장 흔히 쓰는
　표현.
cf. I'll keep my fingers crossed
　for you.
　(널 위해 행운을 빌어줄게, 기도해
　줄게)라는 표현도 있다.

> to California and that he would appreciate
> me seeing him off.

*Jessie is putting her arms around Neal's neck. Norman watches and
smiles.*

NARRATOR : Though I was surprised by the invitation I asked
             only one question: Did she want me to come? And
             she answered yes.

JESSIE   : I love you and don't forget to write.

Neal boards train and waves. Norman stands, waving and smiling.

♠ *EXT. FOREST. DAY*
Jessie and Norman, walking together, are seen in the distance.

JESSIE   : If he came back next summer, would you try and
             help him?

NORMAN : If you wanted me to, I would try.

JESSIE   : He's not coming back.

NORMAN : At least he's got friends there.

JESSIE   : Who? Ronald Colman?

They stop walking. Jessie crosses her arms.

JESSIE   : Why is it the people who need the most help won't
             take it?

NORMAN : I don't know, Jess.

JESSIE   : *(sighs)* Oh, god. I don't... *(tears in her eyes)* I don't cry,
             Norman.

전송을 나와주면 고맙겠다고 닐이 부탁했
다는 것이다.

제시가 닐의 목에 매달리고, 노먼이 바라보며 미소짓는다.

나래이터 : 닐이 날 초청한게 놀라웠지만 난 제시에게 한마
　　　　디만 물었다. 그녀도 내가 나가길 원하는지.
　　　　그녀는 그렇다고 했다.

제 시 : 오빠, 사랑해. 편지 쓰는 거 잊지마.

닐이 기차에 올라 손을 흔든다. 노먼, 서서 손을 흔들며 미소짓는
다.

♠ 외부. 숲속. 낮
제시와 노먼이 함께 걸어오고 있다.

제 시 : 내년 여름에 오빠가 다시 오면 그때는 오빠를
　　　　돌봐줄 거죠?
노 먼 : 당신이 원한다면.
제 시 : 오빠는 돌아오지 않을 거에요.
노 먼 : 거기에도 친구는 있잖아요.
제 시 : 누구요? 로날드 콜맨?

가다가 걸음을 멈춘다. 제시는 팔짱을 끼고 서서 묻는다.

제 시 : 도움이 가장 필요한 사람이 왜 그걸 받지 않으
　　　　려 할까요?
노 먼 : 나노 보르겠어요, 제시.
제 시 : (한숨을 쉬며) 난, 정밀 모르겠이... (눈물이 고인
　　　　다.) 나.. 난 울지 않아요, 노먼.

- appreciate
감사하다, 고맙게 생각하다.

- seeing him off
see A off. A를 전송하다.

- I was surprised by the invitation.
날 초청한 게 놀라웠다.

- He's not coming back.
확실하다고 느껴지는 미래의 일은
현재진행형으로 대용한다.

- at least
아무튼, 하여간 (=at any rate)
적어도.

- need the most help
가장 도움을 필요로 하다.

- won't take it
(도움을) 받으려 하지 않는다.
won't (= will not)~하지 않으려
한다 (의지, 고집).

- Why is it that~
왜~ 일까?
* Why is it that he never listens
to his wife's advice?
(도대체 왜 그는 부인의 충고를 듣
지 않는 것일까?)

- don't forget to~
~하는거 잊지 마세요.
꼭 ~하세요.
- remember to~

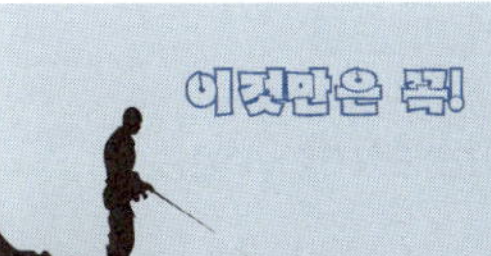

꼭 편지 하세요.

Don't forget to write.

Norman takes his handkerchief and tenderly wipes away her tears.

NORMAN : Can I show you something?

JESSIE : *(sniffles)* Only if it's something good. *(laughs weakly and wipes her eyes.)*

NORMAN : Read.

Jessie takes the letter and reads.

NORMAN : So what do you think?

JESSIE : *(excitedly)* What do I think? I think it's the berries.

NORMAN : You do?

JESSIE : Yeah, to get away Chicago. God, it's heaven.

NORMAN : Have you ever been?

JESSIE : No, not anywhere. Helena.

(laugh) God, congratulations, Norman.

NORMAN : Truth is I'm not sure I want to leave.

JESSIE : Montana? Why? It'll always be here.

NORMAN : Not Montana.

JESSIE : Then what? What? *(shrugs)*

NORMAN : *(with emotion)* I'm not sure I want to leave you.

They look at each other in silence, then go into each other's arms.

♠ *INT. BAR. AFTERNOON*
Norman walks down into the basement bar. Paul sits at the bar.

MAN : You got to watch it, Fred. They're after you.

노먼이 손수건을 꺼내 조심스레 눈물을 닦아준다.

노 먼 : 보여줄게 있는데요.

제 시 : (코를 훌쩍이며) 좋은 거면 보여주세요. (애써 웃으
　　　　면서 눈물을 닦는다.)

노 먼 : 읽어봐요.

제시가 편지를 받아서 읽는다.

노 먼 : 당신 생각은 어때요?

제 시 : (흥분해서) 어떠냐구요? 굉장하죠.

노 먼 : 그렇게 생각해요?

제 시 : 그럼요. 여기를 떠나다니. 시카고로. 정말 꿈 같
　　　　은 일이죠.

노 먼 : 가본 적 있어요?

제 시 : 아니요. 어디에도. 헬레나를 벗어나 본적이 없어
　　　　요. (웃는다.) 정말 축하해요, 노먼.

노 먼 : 사실은 정말 떠나고 싶은 건지 아직 확신이 안
　　　　서요.

제 시 : 몬타나를요? 왜요? 몬타나가 없어질까 걱정돼
　　　　요?

노 먼 : 몬타나를 떠나는 게 아니라...

제 시 : 그럼요? (어깨를 움찔한다.) 뭘..

노 먼 : (진지하게 마음을 담아서) 당신을 떠나고 싶은지 정
　　　　말 모르겠어요.

서로 말없이 바라보다가 웃으며 끌어 앉는다.

♠ 내부. 술집. 오후
노먼이 지하 바로 들어온다. 폴이 바에 앉아 있다.

남 자 : 조심하는게 좋아, 프레드. 미행을 하는 거 같더
　　　　라구.

■ get away
　벗어나다.

■ **Have you ever been**(to)?
　(~에) 가본적 있어요?
　~해본 적 있어요? 라고 과거의
　경험을 물어볼 때
　have you ever~를 사용한다.
＊ Have you ever seen a tiger?
　(호랑이 본 적 있니?)
　Yes, I have once.
　(No, I have not.)

■ **Watch it.**
　조심하다.

■ **They're after you.**
　그들이 널 미행하고 있어.
＊ The police are after the thief.
　(경찰이 도둑을 쫓고 있다.)
＊ I'm after a better-paying job.
　(나는 좀더 보수가 좋은 일자리를
　찾고 있다.)

■ **truth is** (that)~
　사실은 ~이다.
＊ Truth is I was late this
　morning.
　(사실은 나 오늘 아침 지각했어.)

PAUL   : *(to Norman)* **Well, now.**

NORMAN   : *(walking over to Paul)* **Give us a couple boilermakers, Fred.**

FRED   : **Two up.**

NORMAN   : *(sits on stool next to Paul and takes drink.)* **Well, here's to the heart, Goddamn it.**

PAUL   : **Oh, Lordy.** *(watches as Norman drinks the entire glassful. Both smile at each other.)*

NORMAN   : **I'm in love with Jessie Burns.**

PAUL   : *(surprised)* **Jesus Christ, Norm. With all the fish in the river?**

NORMAN   : **Not like her.**

PAUL   : **Oh, right.**

NORMAN   : **Not like her.**

PAUL   : **Congratulations. I'm real happy for you.** *(takes a drink)* **Well, goddamn it, Let's go celebrate.**

NORMAN   : **Done.**

♠ *EXT. NIGHT*

Paul and Norman in a car driving down a dark road. Norman singing.

SINGING   : **...bananas today we've got home-grown potatoes and vine-ripened tomatoes...**

PAUL   : **It's a stinker.**

NORMAN   : **What?**

PAUL   : **It stinks.**

NORMAN   : **What do you mean? It's a classic.**

PAUL   : **Oh, really?**

NORMAN   : **Yes. We have no bananas. We have no bananas today...** *(Norman keeps singing loudly.)*

폴   : (노먼에게) 이런, 왠 일이야?

노 먼 : (폴쪽으로 걸어가면서) 맥주에 위스키 탄 거 두 잔
        줘요.

주 인 : 두 잔이요.

노 먼 : (폴 옆의 의자에 앉아 건배를 한다.) 심장을 위하여.

폴   : 맙소사! (노먼이 위스키를 넣은 맥주를 한번에 다 마
        시는 것을 놀라서 바라본다. 함께 미소를 짓는다.)

노 먼 : 제스번즈와 사랑에 빠졌어.

폴   : (놀라서) 아니 세상의 모든 여자들을 두고?

노 먼 : 그녀와 비교가 안되지.

폴   : 좋아.

노 먼 : 비교가 안돼.

폴   : 축하해. 정말 기뻐. (술을 마신다.) 여기서 나가자
        구. 축하를 해야지.

노 먼 : 좋아.

♠ 외부. 밤

폴과 노먼이 어두운 밤길을 운전하고 있다. 노먼의 노랫소리.

노 래 : 오늘은 바바나가 없네. 집에서 기른 감자, 덩굴
        에 영린 토마토...

폴   : 끔찍하군.

노 먼 : 뭐?

폴   : 끔찍한 노래라구.

노 먼 : 무슨 소리야. 이건 고전이야.

폴   : 그래?

노 먼 : 그럼! 오늘은 바나나가 없다, 바나나가 없다 (큰
        소리로 계속 노래한다.)

■ boilermaker
  맥주를 탄 위스키(폭탄주).

■ Here's to the heart.
  ~를 위하여 건배하다.
  (drink to~ drink a toast to~)
* Here's to you.
  (당신을 위해 건배합시다.)

■ I am in love with Jessie.
  제시와 사랑에 빠졌어.

■ With all the fish in the river?
= With all the women in the
  world?
① 세상의 모든 여자를 두고 제시
   한 사람을 사랑하느냐는 의미.
② (fish=women)
③ 여기에서는 "모든 물고기를 두고?"
   라는 이중적 의미 해석도 가능하다.
④ with (~에도 불구하고)
* With all her talents, she was
  not proud.
  (그 모든 재능에도 불구하고 그녀
  는 겸손했다.)

■ done
  agreed. (동의를 표하는 말) 좋아.

■ home-grown potato
  집에서 기른 감자.

■ What do you mean?
  무슨 소리야? 상대방 말을 이해할
  수 없을 때나 찬성할 수 없을 때 사
  용한다.
* What do you mean (by that)?
  (그건) 무슨 뜻으로 한 말이야?

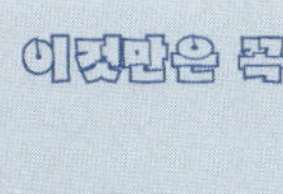

무슨 말이야?

What do you mean?

Shot of a dark forlorn road in front of their car.

NORMAN : *(close-up)* **Where are we? Where we going?**

They drive up in front of a building.

NORMAN : Lolo?
PAUL   : Yup. *(He stops the car.)* **Figured you felt lucky tonight. I could use some of the luck.** *(shrugs)* **Jesus Christ. Don't. No, don't. Don't be the professor tonight. Norm. Preacher.** *(laughs)*

They get out of car and walk into building. Paul tips his hat down on his forehead. Norman slowly closes door and looks around.

PAUL   : Hello, Frank. Well, my gal Sal.

People inside take slow unfriendly looks at Paul and Norman as camera pans the room.

Paul and Norman sit at a table.

PAUL   : Sal, hey, Sal? Get a drink for my brother.
NORMAN : Bourbon.
PAUL   : **In fact, how about a round on me?** He's in love. *(to Norman as he gets up)* **Hang on. Take care of him, Sal.**

Paul stands up and walks to a room. Noman follows him with his eyes. Several man are playing cards.

MAN's VOICE: *(talking quitely)* **Not a good idea, Paul.**

차 앞에 황량한 어두운 길이 보인다.

노　먼　: (클로즈업) 어디 가는 거야? 어디로 가냐니까?

차가 건물 앞으로 다가간다.

노　먼　: 롤로?
폴　　　: 맞아. (차를 세운다.) 오늘밤은 형이 운이 좋은 것
　　　　　같아. 그 운을 내가 좀 써야겠어. (어깨를 들썩하
　　　　　며) 맙소사, 그만둬. 제발 그만. 오늘 밤은 내 앞
　　　　　에서 교수같이 굴지마. 노먼. 목사님. (웃는다.)

두사람 차에서 내려 건물로 들어간다. 폴은 모자를 깊숙이 눌러 쓴
다. 노먼은 천천히 문을 닫고 둘러본다.

폴　　　: 안녕, 프랭크. 내 색시 샐.

카메라 팬이 방을 비춘다. 사람들이 모두 못마땅한 표정으로 폴과
노먼을 쳐다보고 있다.

폴과 노먼이 테이블에 앉는다.

폴　　　: 이봐 샐. 우리형한테 마실 것 좀 갖다 줘.
노　먼　: 버본으로.
폴　　　: 내가 한잔 돌리면 어때? 우리형이 사랑에 빠졌
　　　　　어요. (일어나면서 노먼에게) 기다려. (샐에게) 형
　　　　　좀 부탁해.

폴이 일어나 옆 칸으로 간다. 노먼이 그를 지켜본다. 남자 몇 명이
카드놀이를 하고 있다.

남　자　: (조용하게) 좋지 않은 생각이야, 폴.

■ figure
　～라고 생각하다, 판단하다.
　구어체.
* I figured (that) she was
　about forty.
　(나는 그녀를 대략 40세쯤으로 보
　았다.)

■ gal
　girl의 구어체.

■ in fact
　사실, 사실상.

■ How about a round on me?
　내가 한잔 돌리면 어때?
=I will buy a drink for everyone.

■ hang on
　기다리다.

■ take care of
　～를 돌보다. 책임지고 맡다.
　(= look after, care for)

■ Don't be the professor tonight.
　be: ～답게 행동하다.
　　　～노릇을 하다.
　Don't be a fool.
　(바보처럼 굴지마.)
* I am just being a grandfather,
　that's all.
　(그저 할아버지 노릇 하는 것 뿐이
　야.)

오늘밤은 교수처럼 행동하지 마세요.

Don't be a professor tonight.

They don't seem to want to let Paul play. Woman approaches to Norman.

SAL   : What do you want?
NORMAN : What?
SAL   : Cards? What? What do you want?
NORMAN : Nothing.
WOMAN : *(putting a drink in front of Norman)* A buck. I know Paul says he's paying but...

Loud commotion

PAUL   : Okay! Yeah, okay, okay. *(They push Paul out of the room.)*

Norman runs to help his brother.

PAUL   : *(to Norman)* No, no. No. Just games. Only games.
NORMAN : *(disgusted)* Let's go, now. Come on, we're getting out of here. *(He takes Paul's arm.)*
PAUL   : *(undoing his tie)* Righty-o, ho, ho.
MAN   : *(sarcastically)* Bye-bye, sonny.

♠ *EXT. OUTSIDE THE BAR. NIGHT*
Norman gets in on passenger side of car. Paul is standing outside car. Keys jangle.

PAUL   : I'm not leaving.
NORMAN : What?
PAUL   : These hands are hot, Norm. I can feel it.
NORMAN : You can't go back in there.

그들은 폴을 끼어주고 싶어하지 않는 것 같다. 한 여자가 노먼에게 다가온다.

샐　　　 : 어떤걸 원해요?
노　먼　 : 뭐가요?
샐　　　 : 카드, 아니면 뭘로 하겠냐고요?
노　먼　 : 아무것도..
여　자　 : (노먼에게 술잔을 건네며) 1달러에요. 폴이 낸다고
　　　　　 했지만…

싸우는 소리

폴　　　 : 알았다구, 알았어. 가면 될 거 아냐. (그들이 폴을
　　　　　 밀어낸다.)

노먼이 동생을 도우려고 달려간다.

폴　　　 : (노먼에게) 괜찮아, 괜찮아. 게임일 뿐이야. 그냥
　　　　　 게임.
노　먼　 : (불쾌해하며) 당장 나가자. 빨리 여기서 나가자
　　　　　 구. (노먼이 폴의 팔을 잡아끈다.)
폴　　　 : (타이를 풀면서) 그게 좋겠어.
남　자　 : (냉소적으로) 잘 가라, 아가야.

♠ 외부. 술집. 밤
노먼이 자동차 조수석에 앉는다. 폴은 차밖에 서 있다.
자동차 열쇠소리.

폴　　　 : 난 안가.
노　먼　 : 왜?
폴　　　 : 오늘 손에 새수가 붙있어. 느껴진다구.
노　먼　 : 무슨 말을 하는 거야? 다시 들어가면 안돼.

■ nothing
아무것도. '특별한 거 없다'
(nothing special)의 뜻이다.
What are your plans? 무슨 계획
있니? 하고 물을 때, No, nothing
(special)!이라고 할 수 있다.

■ buck
달러의 속어.

■ get out of
〜에서 나가다, 벗어나다.

■ a classic (p.160)
고전, 명작.
* Shakespeare's *Hamlet* is a
　classic.
　(셰익스피어의「햄릿」은 고전이다.)
cf. 고전 음악＝ *classical* music
* What kind of *classical* music
　do you like?
　(어떤 고전 음악을 좋아하세요?)

그건 고전이야.
It's a classic.

PAUL   : Norm, it's fine. I'll be fine.

NORMAN   : They won't let you play.

PAUL   : Oh, yes, they will.

NORMAN   : With what? You are in debt up to your neck!

PAUL   : Norm, it's my debt. Okay? It's my debt.

NORMAN   : Jesus Christ!

Norman moves to driver's seat. Car starts.
Norman drives away. Paul runs after the car.

PAUL   : Norm! Hey, norm! *(Norman stops the car. Looking in car at Norman)* Norm. Hey, we never got to go fishing again. Maybe we could go tomorrow. We could get Dad to come. Okay? You ask him. Okay? 6:30.

Paul walks slowly back inside as Norman drives off.

폴   : 괜찮아, 형. 난 괜찮을 거야.

노 먼 : 널 끼워주지도 않을 꺼야.

폴   : 아니, 끼워줄거야.

노 먼 : 뭘 가지고? 빚이 목구멍까지 찼잖아.

폴   : 노먼, 그건 내 빚이야. 알겠어? 내 빚이라구.

노 먼 : 맙소사!

노먼이 운전석으로 옮겨 앉는다. 차가 출발한다.
노먼이 차를 몰고 가버린다. 폴이 차 뒤를 쫓아온다.

폴   : 형! 형! (노먼이 차를 세운다.)
         (차안에 있는 노먼을 보면서) 낚시를 그 뒤로는 한
         번도 못 갔잖아. 내일 같이 가자구. 아버지도
         모시고 말야. 좋지? 아버지한테 여쭤봐. 알았
         지? 아침 6시 30분이야.

노먼이 말없이 가버리고 폴은 천천히 바 쪽으로 걸어간다.

■ be (in debt) up to one's neck
(빚에) 몰려 꼼짝 못하다.
(일, 사랑에) 몰두해 있다.
(= be up to one's ears with)
* I'm up to my neck with
  papers to grade.
(점수 매길 레포트가 산더미처럼
쌓였다.)

■ go fishing
낚시하러 가다.
cf) go skiing, go shopping.

■ We could get Dad to come.
아버지께 오시라고 해봐.
~에게 ~하게 하다의 get은 let,
make, have와는 다르게 to부정
사를 동반하면서 강제적 의미보다
는 설득하다(persuade), 권하여
~하게 하다(induce to do)의 뜻
이 강하다.
* Get your friend to help you.
  (친구에게 도와 달라고 해.)
* I can't get this door to shut
  properly.
  (이 문은 제대로 닫히지 않는다.)

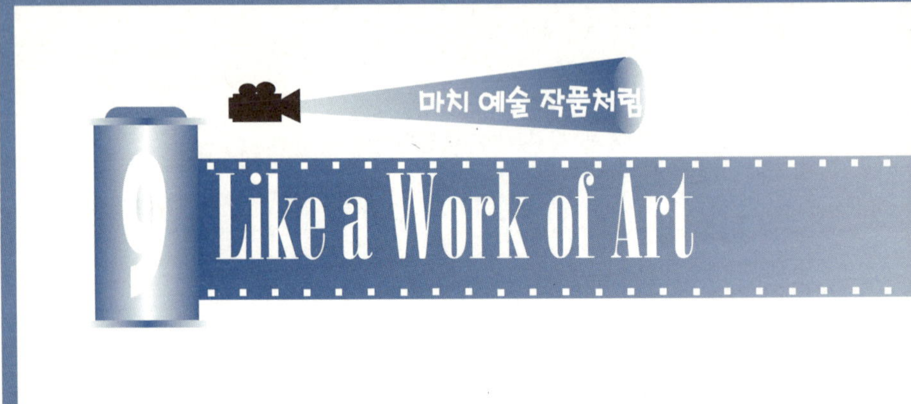

♠ *INT. MACLEAN'S HOUSE. MORNING*
Norman and Father at breakfast table. Norman, drinking his milk, looks up at the ticking clock. It's 6:55 AM. Car approaching.

Paul walks in, taking off his hat.

PAUL : Boy, something smells good out there. Morning, everybody.

Norman sighs and closes his eyes.

MRS. MACLEAN : It's the muffins. We're so glad you could make it what with your work and everything.
(Paul sits at table.)

PAUL : *(to Norman)* I wouldn't miss it.

Norman gives a crooked smile.

테잎시간
01:40:05: ~ 01:52:08

♠ 내부. 맥클레인 목사집. 아침

노먼과 아버지가 식탁에 앉아있다. 노먼이 우유를 마시면서 째깍거리는 벽시계를 쳐다본다. 6시 55분이다. 차소리.

폴이 문을 열고 모자를 벗으면서 들어온다.

폴   : 문 밖에까지 기막힌 냄새가 나는군요. 안녕하세요?

노먼이 안도의 숨을 쉬면서 눈을 감는다.

맥클레인 부인: 머핀 냄새란다. 네가 일이나 모든 걸 잘 해 나가는 게 기쁘다. (폴이 자리에 앉는다.)

폴   : (노먼에게) **약속 지켰어.**

노먼이 못 마땅하다는 듯 미소를 보낸다.

- **boy**
  유쾌, 놀라움 또는 실망, 지루함을 나타내는 소리. 구어체.

- **smells good**
  좋은 냄새가 나다.
  * (It) Smells bad.

- **make it**
  잘 해내다, 성공하다.

- **what with your work and everything**
  = your work and all
  일이며 그외 모든것(~ 그 밖에 모두).

- **I wouldn't miss it.**
  약속 지켰어.
  miss는 약속이나 의무 등을 지키지 못하다라는 뜻외에 ~을 놓치다의 뜻을 가진다.
  * I missed the train.
  (기차를 놓쳤다.)

REV. MACLEAN: What are you working at? Do you have any
new stories?
PAUL   : A story? Hmm. All righty. Oh, jeez..

Mother sits down at table.

NORMAN   : *(quietly)* I have one.

All give him a surprised look.

MRS. MACLEAN: What?
NORMAN   : I've been offered a job at the University of
Chicago.
REV. MACLEAN : Yes?
NORMAN   : Teaching literature.
MRS. MACLEAN: What?
NORMAN   : Starting fall term.

Paul listens as he chews slowly.

NORMAN   : I'm going to take it.

Reverend keeps looking at Norman with his mouth gaping.

MRS. MACLEAN: Norman!

Norman smiles a pleasing smile at everyone.

REV. MACLEAN : I am pleased. Yes, I am pleased. Well...
PAUL   : *(close-up) (swallowing hard)* Well.. A professor. A
real professor. Damnation. *(Norman smiles.)* I'm
proud of you.

맥클레인 목사: 요즘은 뭘 쓰니? 새 소식이라도 있는 거
　　　　　　　니?
폴　　　 : 이야기요? 음.. 좋아요. 저..

어머니도 식탁에 앉는다.

노　먼　 : (조용하게) 저한테 있어요.

모두 놀라서 바라본다.

맥클레인 부인: 뭔데?
노　먼　　　: 시카고 대학에서 일자리 제의가 왔어요.
맥클레인 목사: 그래서?
노　먼　　　: 문학 강의에요.
맥틀레인 부인: 정말?
노　먼　　　: 가을학기부터래요.

폴은 천천히 음식을 먹으며 듣고 있다.

노　먼　 : 받아들일 생각이에요.

목사가 기뻐서 입을 다물지 못하고 노먼을 바라본다.

맥클레인 부인: 노먼!

노먼이 모두에게 기쁨이 가득한 미소를 보낸다.

맥클레인 목사: 기쁘구나. 정말 기쁘구나, 이런...
폴　　　 : (클로즈-업) (감정을 자제하면서) 교수라구? 정말
　　　　　교수가 된 거잖아. (노먼 미소짓는다.) 형이 자랑
　　　　　스러워.

■ What are you working at?
　요즘 어떤 일을 하고 있니?
　work at= busy or occupied
　with~
　일, 공부에 계속 몰두 하고 있다
　(진행중)는 의미.

■ I've been offered a job.
　일자리(제의)를 받았다. 취직이 되
　었다.

■ fall term
= fall semester
　가을학기(미국의 경우 새학기).

■ I'm going to take it.
　제의나 직장 등을 받아들일때
　take를 쓴다.
* Take it or leave it.
　(무조건 받아들이든가 거부하든
　가 하라.)

■ I am proud of (~)
　~를 자랑스럽게 여긴다는 말로 자
　주 쓰는 칭찬과 격려의 표현.
* We are all very proud of you.
　(우리 모두 정말 당신이 자랑스러워
　요.)

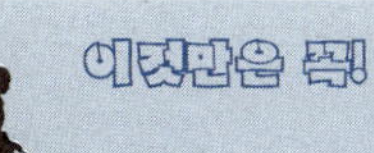

당신이 자랑스러워요.

I'm proud of you.

They all laugh. Norman laughs and drinks his milk.

♠ *EXT. REVEREND'S HOUSE, MORNING*
Paul, driving, father in front seat with him. Norman climbs into the back of car.

MRS. MACLEAN: *(waving)* **Be sure to take pictures.**
REV. MACLEAN: We'll catch some big fish.
PAUL   **: Yes, we are. Let's go!**

♠ *EXT. WOODS. DAY*
Paul, Norman and father are walking through the woods with fishing poles.

REV. MACLEAN: Remember those rocks we built our fireplace?
NORMAN   **: Those were big rocks.**
REV. MACLEAN: Nearly a billion Years old. Half a billion. Half the billion. Come on. Well, I believe the high road will suit me better. There was a time....
(Father walks on up the hill.)
PAUL   **:** *(to father)* **You'll make a killing.** *(to Norman)* **He'll make a killing.**
NORMAN   **: Let's fish together today.**
PAUL   **: Good.** *(both hurry down to the river.)*

Paul wades out into the water. Norman feels something biting his neck pulls it off into his hand. (close-up). And puts it on for bait. Casting, Norman pulls out a big fish, then another.

PAUL   **:** *(standing in the river, shouting to Norman)* **What are they biting on?**
NORMAN   **: What?**

모두들 웃는다. 노먼도 웃으면서 우유를 마신다.

♠ 외부. 목사집 앞. 아침
폴이 운전대에, 부친이 곁에 앉아있다. 노먼이 차 뒷좌석에 올라탄
다.

맥클레인 부인: (손을 흔들어 배웅하면서) **사진 꼭 찍어와라.**
맥클레인 목사: **큰 고기를 잡을 거야.**
폴   : **그럼요. 갑시다!**

♠ 외부. 숲. 낮
폴, 노먼, 목사가 낚싯대를 들고 숲 속 길을 걸어가고 있다.

맥클레인 목사: **벽난로 만들때 썼던 돌들 생각나니?**
노 먼   : **큰 바위들이었지요.**
맥클레인 목사: **거의 십억년 전에 만들어진 거지. 5억년**
          전에. 자, 난 이쪽 언덕길로 가는 게 좋겠다.
          예전에는.... (높은 언덕길로 간다.)
폴   : (맥클레인 목사에게) **큰 놈으로 잡으세요!** (노먼에
          게) **큰 놈을 잡으실 거야.**
노 먼   : **오늘은 같이하자.**
폴   : **좋아.** (두 사람이 강 쪽으로 서둘러 내려간다.)

폴은 강으로 걸어 들어간다. 노먼은 목에 붙은 벌레를 손으로 잡는
다. 클로즈업으로 보이는 곤충. 미끼용으로 상자에 넣는다. 낚싯줄
을 캐스트 하는 노먼. 고기가 잘 잡힌다.

폴   : (강 가운데서 노먼에게 큰 소리로) **미끼가 뭐야?**
노 먼   : **뭐라구?**

■ take a picture
사진을 찍다.

■ suit
어울리다. 적합하다.

■ make a killing
구어체에서 많은 이익을 얻다, 돈
을 많이 벌다의 뜻으로 쓰인다. 여
기서는 큰 물고기를 잡다라는 뜻
이다.

■ Be sure to take pictures.
사진 꼭 찍어와라.
상대방에게 어떤 행동을 부탁하거
나 상기시킬 때 be sure to를 사
용한다.
* Be sure to write to me.
(잊지 말고 편지해.)

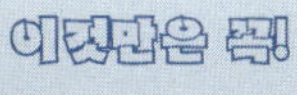

사진을 꼭 찍어 오세요.

Be sure to take pictures.

PAUL   : What are they biting on?
NORMAN   : Louder!
PAUL   : I said.... *(lipsyncs the question.)*
NORMAN   : Bunyon bugs! *(Paul laughs.)* Want me to bring you
                one?
PAUL   : No, I'll come and get it.

Paul wades back to Norman.

NORMAN   : Bunyon bugs, stone fly number two.
PAUL   : Thank you. Oh, merciful professor of poetry and
                trout.

Paul is baiting his hook. They share a cigarette.

NORMAN   : *(looking at Paul)* I'm going to ask Jessie to marry me.
PAUL   : *(smiling)* Yes. Quite a day. *(turns his back to Norman)*
NORMAN   : *(talking to Paul's back)* Why don't you come with us
                to Chicago? It's 2,000 miles away. They got more
                than a dozen papers there. You'd be right in the
                middle of things. What do you say? Come with us.
PAUL   : *(looks back at Norman)* Oh, I'll never leave Montana,
                brother. *(smiles)*

*Norman walks up into woods where he sees his father sitting at the base
of a tree, reading a book. Norman sits down. Father puts his hand on
Norman's knee and laughs. They both look through the tree leaves at Paul
in the river.*

NORMAN : There!

Paul is having trouble bringing in a huge fish. He struggles and is swept

폴 　　: 미끼가 뭐야?

노 먼 : 안 들려.

폴 　　: 내 말은…(입 모양으로만 말함)

노 먼 : 번얀 딱정벌레! (폴이 웃는다.) 하나 갖다줄까?

폴 　　: 아냐, 내가 갈게.

폴이 노먼에게로 건너간다.

노먼: 번얀 딱정벌레야.

폴: 인정 많으신 시와 송어학 교수님 감사합니다.

폴이 미끼를 꿰고 있다. 담배를 한 모금씩 나눠 핀다.

노 먼 : (폴을 바라보며) 제시에게 청혼할거야.

폴 　　: (웃으며) 그래, 정말 뜻깊은 날이군. (노먼에게서 돌아선다.)

노 먼 : (폴의 등에 대고) 시카고로 같이 가지 않을래? 2천 마일 떨어진 곳이야. 신문도 수십 종이나 있다구. 넌 바로 좋은 자릴 얻을 수 있을 거야. 네 생각은 어때? 같이 가자.

폴 　　: (뒤돌아 노먼을 바라보며) 난 몬타나를 절대 안 떠날 거야, 형. (미소짓는다.)

노먼은 숲길로 걸어 올라간다. 목사가 나무뿌리에 앉아서 책을 읽고 있다. 노먼이 곁에 앉자 목사는 아들의 무릎에 손을 얹으며 웃는다. 두 사람은 폴이 강에서 낚시하는 것을 나뭇잎 사이로 바라본다.

노 먼 : 물렸다!

폴이 커다란 고기를 잡아 올리려고 물결 속에서 이리저리 애를 쓰고

■ stone fly
강도래 (낚시용 미끼).

■ Quite a day!
멋진 날이군. (What a day!)
What a wonderful day! 와 같은 뜻. 교수로 초청받은 일과 청혼한 소식을 같이 들은 날이니 대단한 날이라는 의미.

■ in the middle of
~의 중심에, 가운데에.

■ What do you say?
자신의 제안에 대한 상대방의 의견을 묻는 아주 자주 쓰는 표현.

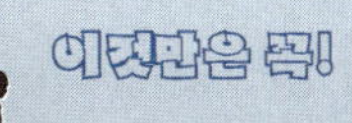

어떻게 생각해?
What do you say?

away by the fish and water. Father and Norman watch intently. At long last, Paul is whooping as he victoriously holds up the huge fish.

REV. MACLEAN: Oh, me, oh, my.
NORMAN   : Look at that fish!
REV. MACLEAN: Oh, my.
PAUL   : Whoa.
REV. MACLEAN: Unbelievable.
NARRATOR   : At that moment, I knew surely and clearly that I was witnessing perfection.
REV. MACLEAN: You... You are a fine fisherman.
PAUL   : Only three more years before I can think like a fish.
NORMAN   : You're already thinking like a dead stonefly. *(takes camera)* Here, pictures. Mother's pictures.
PAUL   : Hurry up.
NORMAN   : One. Two..
NARRATOR   : My brother stood before us not on a bank of the Big Blackfoot River, but suspended above the earth free from all its laws like a work of art.
NORMAN   : Three. *(camera clicks)*

Close up of Paul laughing beautifully. All three sit on the bank, talking and laughing.

NARRATOR   : And I knew just as surely and just as clearly that life is not a work of art and that the moment could not last.

Scene shows sunset on the river.

있다. 고기를 따라 물결에 휩쓸려 떠내려 간다. 부친과 노먼이 긴장
해서 바라본다. 한참의 씨름 끝에 폴이 커다란 고기를 들어 보이면
서 승리의 환성을 지른다.

맥클레인 목사: 오, 저런. 오, 저런.
노 먼　　　 : 저 고기 좀 보세요!
맥클레인 목사: 이런.
폴　　　　　 : 우와!
맥클레인 목사: 믿을 수가 없구나.
나래이터　　 : 나는 그 순간 내가 완벽함을 목격하고 있다
　　　　　　　 는 것을 분명하고도 확실히 알 수 있었다.
맥클레인 목사: 넌... 넌 정말 훌륭한 낚시꾼이다.
폴　　　　　 : 고기하고 똑같이 생각하려면 아직도 3년은
　　　　　　　 더 있어야 돼요.
노 먼　　　 : 넌 벌써 미끼와 같은 생각을 하고 있어.
　　　　　　　 (카메라를 꺼내며) 엄마 줄 사진을 찍자.
폴　　　　　 : 빨리 찍어.
노 먼　　　 : 하나. 둘...
나래이터　　 : 동생은 우리앞에 빅 블랙풋 강 둑 위에 서
　　　　　　　 있는 게 아니라 이 지상의 모든 법칙에서
　　　　　　　 자유로와져서 공중에 초월해 있는 것 같았
　　　　　　　 다 ─ 마치 예술작품처럼.
노 먼　　　 : 셋. (카메라의 셔터소리)

폴이 고기를 들고 환하게 웃는 모습이 화면에 클로즈업된다. 부친
과 아들들이 강둑에 앉아 웃으며 이야기를 나눈다.

나래이터　　 : 또한 나는 분명하고도 확실하게 인생은 예
　　　　　　　 술품도 아니고, 그 순간은 영원히 계속될
　　　　　　　 수 없다는 것도 알고 있었다.

일몰. 강으로 지는 햇살이 붉게 퍼진다.

■ at that moment
　바로 그때, 그 순간에.

■ three more years before~
　~하려면 3년은 더 걸린다.

■ not A but B
　A가 아니라 B

■ suspend
　(공중에) 매달다.

■ free from all its laws
　지상의 모든 법칙을 벗어나서
　free from~
　~로부터 자유롭다.
＊ Finally he died peacefully
　free from all the pains of his
　life.
　(마침내 그는 생의 온갖 고통에서
　벗어나 평화롭게 숨을 거두었다.)

■ last
　이어지다, 계속되다.
　(= continue)

NARRATOR: And so, when the police sergeant awakened me one morning just before Jessie and I left for Chicago, I rose and asked no questions.

♠ *EXT. POLICE STATION, DAY*
Policeman and Norman walk to the police car.

NARRATOR: He drove me back home down the length of the river so that I could tell my father and mother that Paul had been beaten to death by the butt of a revolver and his body dumped in an alley.

♠ *INT. MACLEAN'S HOUSE. MORNING*
Norman sits with his head in his hands. Mother and father sit quietly in undisguised anguish.

REV. MACLEAN: *(sigh)* Is there anything else you can tell me?

테잎시간
01:52:09: ~ 01:59:03

나래이터: 그래서 제시와 내가 시카고로 떠나기 전날 아침, 경찰이 나를 깨웠을 때 난 아무런 말없이 일어나 그를 따라갔다.

♠ 외부. 경찰서. 낮
경찰관과 노먼이 경찰 차로 걸어간다.

나래이터: 그는 강을 따라 우리 집까지 나를 태워다 주었다. 나는 부모님께 폴이 권총 손잡이에 맞아 죽었고 시체가 골목에 버려져 있었다는 걸 말씀드렸다.

♠ 내부 목사집, 아침
노먼이 머리를 손으로 감싸고 앉아있다. 어머니와 목사는 고통을 억누르고 조용히 앉아있다.

맥클레인 목사: (한숨) 뭐 더 해줄 말없니?

- **and so**
  ~앞에서 이어지는 말. (인생은 예술이 아니며 그 순간도 오래 계속되는 것이 아님을 알았기에)

- **left for**
  leave(A) for B
  (A를 떠나) B로 가다.

- **revolver**
  회전식 연발 권총.

- **dump**
  = throw down carelessly
  (쓰레기처럼) 함부로 버리다.
  * Where can I dump this rubbish?
  (이 쓰레기를 어디에 버리지요?)

NORMAN   : Nearly all the bones in his hand were broken.

REV. MACLEAN : *(getting up slowly and looking at Norman)* Which
                    hand?

NORMAN   : His right hand.

Reverend slowly walks away and goes upstairs. Norman leans back in chair and rests his head on back of chair.

♠ *EXT. YARD. DAY*
Reverend, now looking older, walk out of a barn.

NARRATOR: As time passed, my father struggled for more to hold onto asking me again and again had I told him everything. And finally I said to him, "Maybe all I really know about Paul is that he was a fine fisherman." "You know more than that," my father said. "He was beautiful." And that was the last time we ever spoke of my brother's death.

♠ *INT. PASTOR'S HOUSE. DAY*
Father and mother are shown sitting quietly at the table, eating. They look older.

NARRATOR: Indirectly, though, Paul was always present in my father's thoughts. I remember the last sermon I heard him give, not long before his own death.

♠ *INT. MACLEAN'S CHURCH. DAY*
Camera shows church and pans congregation showing Norman and his family sitting by his mother, who looks older now.

노 먼　　　　: 그 애 손뼈가 거의 다 부러졌어요.

맥클레인 목사: (천천히 일어난다. 다시 묻는다.) 어느 손이냐?

노 먼　　　　: 오른손입니다.

목사는 말없이 천천히 이층으로 올라간다. 노먼은 머리를 등받이에 대고 의자에 기대있는다.

♠ 외부. 마당. 낮
이젠 많이 연로해진 목사가 창고에서 나온다.

나래이터 : 시간이 갈수록 부친은 내가 모든 걸 다 말씀 드린 것인지 자꾸 자꾸 되물어 보시는 것이었다. 마침내 나는 이렇게 말씀드렸다. "어쩌면 제가 폴에 대해서 진정으로 알고 있는 건 그가 훌륭한 낚시꾼이었단 사실일겁니다." 부친께서는 "넌 그보다 더 많이 알고있어. 그 애는 아름다웠다." 라고 하셨다. 그게 내 동생의 죽음에 대한 우리의 마지막 대화였다.

♠ 내부. 목사집 안. 낮
부친과 모친과는 식탁에 앉아서 말없이 식사를 하고 있다. 늙어서 굽은 자세다.

나래이터 : 하지만 폴은 은연중에 부친의 마음 속에 늘 존재했다. 부친께서 돌아가시기 얼마 전에 하셨던 마지막 설교를 나는 기억한다.

♠ 내부. 교회 안. 낮
카메라가 교회의 모습을 비친다. 다시 팬이 교회 안 교인들과 더 많이 연로해진 모친과, 곁에 앉아있는 제시, 노먼의 아이, 그리고 노먼을 비춰준다.

■ as time passed
(= as time went by)
시간이 갈수록.

■ struggle
고통스럽게 애쓰다.

■ had I told him eveything
= if I had told him everything
내가 그에게 모든 걸 다 말했는지.

■ You know more than that.
그보다 더 많이 알고있지.
(그 이상을 알고 있다.)

■ indirectly
은연중에.

■ present
존재하고 있는.

■ sermon
설교, 교훈.

■ hold on to (onto)
계속 ~에 매달리다.
~을 늘 잊지 않고 기억하다.

부친에 대한 좋은 추억을 잊지 말고 기억해라.

Hold on to good memories of your father.

REV. MACLEAN: Each one of us here today will, at one time in our lives, look upon a loved one who is in need and ask the same question. "We are willing to help, Lord. But what, if anything, is needed?"

Shows Reverend Maclean, now with white hair, standing in the pulpit.

REV. MACLEAN: It is true we can seldom help those closest to us. Either we don't know what part of ourselves to give or, more often than not, the part we have to give is not wanted. And so it is those we live with and should know who elude us, but we can still love them. We can love completely without complete understanding.

(close-up of Norman)

♠ *Flash back*
Scene of two young boys, Paul and Norman, fishing in the river, throwing rocks, lying on the ground.

Close-up of Norman, as an old man.

NARRATOR : Now nearly all those I loved and did not understand in my youth are dead. Even Jessie. But I still reach out to them. *(as he threads a fishing line)* Of course, now I'm too old to be much of a fisherman. And now usually fish the big waters

맥클레인 목사 : 우리는 누구나 일생에 한번쯤은 사랑하는 사람이 불행에 처한걸 보고 이렇게 똑같이 기도합니다. "기꺼이 돕겠습니다 주님. 만일 제가 도울 게 있다면 그들에게 무엇으로 도울까요?"

이제는 백발이 된 목사가 강단에 서서 설교를 하고 있다.

맥클레인 목사 : 그러나 사실 우리는 가장 가까운 사람을 거의 돕지 못합니다. 또한 우리는 내가 가진 무엇을 그들에게 주어야 하는지도 모릅니다. 아니, 대부분의 경우 우리가 주어야만 하는 도움은 그들이 원치 않는 것임을 압니다. 우리는 가장 가까운 사람들, 가장 잘 이해해 주어야 하는 사람들을 이해하지 못하는 채 그렇게 살고 있습니다. 그러나 그래도 여전히 우리는 그들을 사랑할 수 있습니다. 온전한 이해 없이도 우리는 온전히 사랑할 수 있습니다.

아버지의 설교를 듣는 노먼의 얼굴이 클로즈업 된다.

♠ 흑백의 회상장면.
어린 시절. 폴과 노먼이 강에서 낚시를 하고 돌을 던지고 강가에 누워있다.

이제는 노인이 된 노먼의 모습이 클로즈업 된다.

나레이더 : 내가 젊었을 때 사랑했으나 이해하지는 못했던 사람들은 이제 거의 모두 죽었다. 제시마저도. 그러나 난 아직도 그들과 교감하고 있다. (낚시줄을 꿰면서) 물론 이제 나는 훌륭한 낚시꾼이 되

■ at one time in our lives
우리 생애에 한번쯤.

■ in need
도움이 필요한, 곤경에 처해 있는.

■ be willing to
기꺼이 하는, 자진하여 ～하는.

■ what, if anything, is needed?
만일 있다면(if there is anything) 무엇이 필요합니까?
＊ There is little, if any, hope.
(《있다해도》 희망은 거의 없다.)

■ seldom
거의 ～않다. (자체에 not을 포함한 부정어)

■ close to
～에 가까이 있는.

■ elude
이해되지 않다.

■ in my youth
젊은 시절에.

■ reach out to
손을 뻗다, 접촉하다.

■ be not much of a～
훌륭한 ～이 못된다.
＊ I am too old to be much of a fisherman.
(나는 훌륭한 낚시꾼이 되기에는 너무 늙었다.)

alone although some friends think I shouldn't. *(shows him in the river alone)* But when I am alone in the half-light of the canyon, all existence seems to fade to being with my soul and memories and the sounds of the Big Blackfoot River and a four-count rhythm and the hope that a fish will rise. *(Camera shows sky and clouds, then river beneath.)* Eventually, all things merge into one and a river runs through it. The river was cut by the world's great flood and runs over rocks from the basement of time. On some of the rocks are timeless raindrops. Under the rocks are the words and some of the words are theirs. *(close-up of Norman)* I am haunted by waters.

기에는 너무 늙었다. 말리는 친구들도 있지만 난 늘 홀로 큰 강에서 낚시를 하곤 한다. (강가에 홀로 선 노면) 그러나 어슴푸레한 계곡에 홀로 있을 때면, 모든 존재가 내 영혼과 여러 기억들, 빅 블랙풋 강의 소리들과 네 박자 리듬과 그리고 고기가 물리길 바라는 희망 속으로 녹아드는 것을 느낀다. (카메라가 하늘과 구름과 땅을 비춘다.) 결국 그 모두가 일체로 녹아들고, 그 속으로 강이 흐른다. 강은 대홍수로부터 생겨나서 태초의 시간에서부터 바위위로 흘러간다. 어떤 바위 위에는 시초도 시말도 없는 빗방울이 머물고 바위들 밑에는 말씀이 있고 말씀의 일부는 그들의 것이다. 강은 나를 사로잡고 내 속에서 흐르고 있다.

■ merge into
융합하다, 합쳐지다.

■ be haunted by
~을 벗어나지 못하다, (생각 등이) 사로잡혀 있다. ~이 내 속에서 떠나지 않고 있다.
* a haunted house

관람석에서...

<관람석에서>는 독자들의 영화감상(영화읽기)을 돕기 위해 마련한 자리입니다. 반드시 스스로 영화를 보신 후 감상하시기를 바라며 다른 이의 영화감상을 함께 나누는 자리로 활용하시기 바랍니다. 이 글은 영화 읽기의 한 예일 뿐임을 말해 두고자 합니다. (필자)

과거를 낚는 외로운 낚시꾼:
"내 넋 속을 흐르는 강물"

우리는 경험을 했으되 그 의미를 몰랐다,

그리고 의미에 다가감은 그 경험을 되살려내는 일이다

우리가 행복에 부여하는 의미와는 다른 의미로,

전혀 다른 형태로. 그때의 경험을 되살려내는 일이다.

내가 전에 말했었다. 의미 속에 되살아난 경험은

다만 한 인생의 경험이 아니라

여러 세대의 경험이라고—   (T. S. 엘리엇: 『네 개의 사중주』)

We had the experience but missed the meaning,

And approach to the meaning restores the experience

In a different form, beyond any meaning

We can assign to happiness. I have said before

That the past experience revived in the meaning

Is not the experience of one life only

But of many generations— (T. S. Eliot, *Four Quartets*)

영화 〈흐르는 강물처럼〉*은 흐르는 강물과 함께 시작된다. 그리고 한 노인이 떨리는 손으로 강에서 낚싯줄을 꿰면서 그 위로 들리는 보이스 오버 나래이션으로 시작된다.

오래 전 내가 청년이었을 때 부친께서 말씀하셨다. "노먼, 넌 글쓰기를 좋아하지?" 내가 그렇다고 대답하자 부친은 "언젠가 네가 준비가 되거든 우리 가족의 이야기를 쓸 수 있을 거다. 그러면 그때서야 너는 무슨 일이 있었으며 왜 그런 일이 있었는지 알게 될 거다."

Long ago, when I was a young man, my father said to me, "Norman, you like to write stories," and I said, "yes, I do," then he said, "someday when you're ready you might tell our family story. Only then will you understand what happened and why."

그래서 노먼은 그 가족의 이야기를 쓰기 시작한다. 그 글쓰기를 영상화한 것이 이 영화이다. 왜 이야기를 쓰는 것이 의미를 알아 가는 과정이 될까?

---

*원제목은 강물이 인간과 자연, 모든 존재의 근원에 흐르고 있다는 의미로 해석될 수 있다. 그러나 한국에서 개봉될 때 〈흐르는 강물처럼〉이라고 되었기 때문에 독자들의 편의를 위해 기존의 번역된 제목을 그대로 쓰기로 한다.

〈흐르는 강물처럼〉은 회상 속에 진행되는 영화이다. 회상영화의 특징은 이미 일어난 사건들을 단순히 재연해 주는 것이 아니라 시간을 거슬러 올라가 다시 살아본다는 것이다. 즉 위에 인용한 엘리엇의 시가 말하듯이 경험하던 당시는 의미를 몰랐던 사건들을 그 의미를 알게 된 후에 새로운 시각으로 바라보고 되살려 경험하기 시작하는 것이다.

우리는 시간 속에 있을 때 나의 시각으로밖에는 상대편과 사건을 바라볼 수 없다. 그러나 시간이 저만치 과거로 물러난 뒤 회상 속에서 다시 과거가 재연될 때는 과거의 나도 다른 이들도 그 삶의 배우가 되어 회상이라는 스크린에 비쳐지게 된다. 그리고 회상의 주체인 현재의 나는 관객이 되어 타인들의 행동뿐 아니라 나도 몰랐던 나의 행동의 의미를, 나의 기쁨과 슬픔, 불안과 실수와 분노의 의미를 바라볼 수 있는 것이다. 마치 영화가 "영화 같은 우리 삶"을 아니면, "우리의 삶 같은 영화"를 스크린에 투영할 때 관객들이 그 속에서 자신의 삶의 파편들을 발견하고 의미를 발견하듯이 말이다.

즉 이 영화는 과거에 있었던 일을 그대로 영상으로 보여주는 것이기보다는 그 사건들 속에서 의미를 찾아가는 작가의 기억 속으로의 여정을 보여주는 것이다. 이 때 회상의 시각은 카메라의 눈이 되며 보이스 오버 나래이션(이 영화에서는 감독 레드포드의 목소리)은 회상하는 현재주인공의 의식과 깨달음 또는 과거에 대한 회상 내지 해석이 된다.

I. "우리 가족에게는 종교와 플라이 낚시 사이에 구분이 없었다."

소설의 첫 부분은 "우리 가족에게는 종교와 플라이 낚시 사이에 명확한 구분이 없었다(In our family there was no clear line between religion and fly-fishing.)"라는 말로 시작된다. 영화에서도 과거로 거슬러 올라간 회상의 시작이 같은 나래이션으로 시작된다. 즉 노먼의 가족사는 종교와 낚시와 맞물려있음을 말하는 것이다.

낚시하는 법을 바르게 배운다는 것은 강과 고기와 그리고 자기자신을 읽는 법을 배우는 것이다. 또한 한치의 낭비 없이 정확하고 절도 있게 필요한 동작을 수행할 수 있다면 훌륭한 삶을 살 수 있는 우아함과 질서, 절제의 경지에, 그리고 궁극적으로는 예술의 경지에 이르는 것이다.

이 영화에서 낚시는 삶 자체를 의미한다. 맥클레인 목사가 메트로놈을 놓고 어린 아들들에게 정확한 박자와 리듬에 맞춰 낚시하는 법을 가르치는 인상적인 장면은 낚시하는 법은 리듬과 규칙과 질서를 훈련을 통해 익히는데서 출발함을 말해주고 있다.

스코틀랜드 사람이며 장로교도인 아버지는 인간이란 본질상 죄인이며 원래 창조 받은 기품 있는 인격에서 떨어졌다고 믿으셨다. 난 어릴 때 나무에서 떨어져서 그렇게 된 거라고 생각했다. 아버지가 하나님을 수학자라고 생각하시는지는 알 수 없었지만 분명 아버지는 하나님이 수를 셀 수 있으신 걸 믿으셨다. 그래서 그 하나님의 리듬을 익혀야만 우리 인간이 원래의 힘과 아름다움을 회복할 수 있다고 믿으셨다. (소설 "흐르는 강물처럼" 중에서)

As a Scot and Presbyterian, my father believed that man by nature was a mess and had fallen from an original state of grace. Somehow, I developed an early notion that he had done this by fallen from a tree. As for my father, I never knew whether he believed God was a mathematician but he certainly believed God could count and that only by picking up God's rhythms were we able to regain power and beauty. (Qtd from the story. Ch. 1)

그리고 선한 모든 것은—인간의 구원뿐 아니라 아주 작은 미물인 물고기 같은 것도—신의 은총을 통해 얻어지는 것이며 은총은 예술을 통해 얻어지고 예술은 그리 쉽게 얻어지는 것이 아니라(My father was very sure about certain matters pertaining to the universe. To him, all good things -trout as well as eternal salvation - come by grace and grace comes by art and art does not come easy.)는 부친의 믿음에 대한 회상

은 곧 메트로놈으로 낚시 캐스팅하는 법을 가르치는 장면으로 연결이 된다. 다음 장면, 노먼은 집에서 부친으로부터 교육을 받으면서 글쓰는 법을 배우는데 그때에도 목사가 강조하는 것은 절제되고 간결한 문장이다. 이 모두가 선함과 고귀함과 힘을 회복하기 위해 절제의 훈련이 얼마나 중요한 훈련 중 하나인지를 말해주고 있다. 왜냐하면 "인간은 본성적으로 자비로움과 고귀함을 회복하려 하지는 않고 다만 힘만을 추구하기 때문이다." (It is natural for man to try to attain power without recovering grace. 〈Qtd from the story〉)

그러나 맥클레인 목사는 또 한편으로는 아이들에게 간섭 없이 맘놓고 자연의 품속에서 사슴처럼 뛰어 다니고 송어처럼 헤엄쳐 다니게 함으로써 자연에 나타난 하나님의 질서를 배우게 하고 있다. 이러한 자연의 힘과 이성적 절제의 힘은 이 영화에서 두 형제가 각각 대표하는 힘이기도 하다.

영화는 이러한 그들의 삶과 낚시의 관계를 첫 장면에서 아름다운 영상으로 보여준다. 노인이 된 노먼이 그들의 삶이 낚시와 종교와 하나였다고 회상하면서 낚싯줄을 엮는 첫 장면은 이제 그가 그의 넋을 사로잡고 그의 존재 속을 흐르는 강물 속에서, 영겁의 시간이 흐름 속에서, 기억의 강물 속에서 과거를 낚아 올리는 행위를 뜻한다. 그리고 그것은 영화의 끝 장면에서 강에서 혼자 낚시를 하는 외로운 노인의 마지막 나래이션— "강은 내 넋을 사로잡고 나를 떠나지 않고 흐른다"(I am haunted by waters.)—으로 연결된다. 그가 기억의 강에서 과거를 낚아 올리는 행위는 자기 자신과 가족을 다시 읽는 행위이며 무엇보다도 과거의 노먼이 이해하지 못했던 동생 폴을 이해하고자하는 현재의 노먼의 시도이다.

II. "나는 정어리가 싫다니까!"

노먼에게 있어서 강을 이해하고 고기를 이해하는 것은 바로 폴을 이해하는 행위와 같은 것인지도 모른다. 아니 반대로 폴을 이해하는 것은 강을, 자연을, 엄격함과 질서와 형식이라는 세계의 힘(부친이 메트로놈으로 교육했던) 이면에 흐르는 그것들을 초월한(파괴한) 예술의 원리인 열정과 역동성, 즉 디오니소스적 힘을 이해하는 것이다. 그렇기 때문에 영화의 가장 중요한 주인공은 바로 자연이며 특히 힘차고도 위엄 있는 빅 블랙풋 강이라 볼 수 있다.

폴이야 말로 강물처럼, 고기처럼 노먼에게는 예측할 수 없으며, 때로는 위협적이기까지 한, 이해하기 힘든 존재였다. 그는 자연에 나타난 신의 법칙이었으며, 아폴론적인 힘인 노먼의 반대편에 있는 디오니소스적인 힘이었다. 때론 흐르는 물처럼 한없이 부드러우며 편견 없이 모든 것을 감싸안고 수용하는 마음을 가졌고, 모든 것을 덮은 대지처럼 엄청난 인내심과 절제력을 가진 폴, 그러면서도 그 누구도 도전할 수 없는 강인함과 거친 행동을 대지 속에 잠재우다가 화산처럼 뿜어내기도 하는 폴에게 누구나 매료되는 이유는 그가 가진 열정과 자유분방한 생명력이 자연의 그것과 닮았기 때문이다. 노먼은 어려서부터 동생의 강함이 그의 내면 깊숙한 비밀스런 곳에서 흘러나오는 것이며 피를 흘리며 싸워 증명해 보이지 않아도 저절로 알게되는 너무나 자연스런 그의 일부임을 알고 있다:

나는 피를 흘리도록 싸워보았기 때문에 내가 강하다는 것을 알았다. 폴은 달랐다. 그의 강인함은 그의 내부의 비밀스런 곳에서 나오는 힘이었다. 그는 자기가 그 누구보다도 강하다는 것을 자연스레 알고 있었다.

I knew I was tough because I had been bloodied in battle.
Paul was different. His toughness came from some secret place
inside of him. He simply knew he was tougher than anyone
alive.

폴의 "내면의 강인함"에 대한 이런 노먼의 나래이션(회상)과 함께 영화의 장면은 길에서 코피를 흘리며 싸우던 노먼의 모습에서 클로즈업되는 오트밀 죽 그릇으로 바뀐다. 아버지의 엄한 명령과 설교에도 불구하고, 그리고 온 가족이 숨죽이며 식사도 못하고 정오가 넘도록 기다려도 폴은 먹기 싫은 오트밀 죽을 거부한다. 그렇다고 그가 반항적이거나 예의 바르지 못하다거나 한 것도 아니다. 아버지가 폴이 먹기 싫은 오트밀을 먹으라고 한 이유는 "사람들은 천년간이나 하나님이 주신 귀리를 먹고 살아왔다. 그 전통을 어기는 것은 여덟 살 난 아이가 할 일이 아니다"라는 것이며 그것으로는 어린 폴을 설득할 수 없다. 폴의 강인함은 바로 그 어린 나이에도 묵종을 거부한 내면의 강함이다. 아버지가 마침내 포기하고 식사기도를 해 줄 때 폴은 안도하지도, 내가 이겼다는 듯이 득의 만만하지도 않다. 노먼의 말대로 스스로 강함을 알고 있는 것인지("he simply knew he was tougher") 그저 평소처럼 기도할 뿐이다. 영화에서는 오히려 동생의 그런 강인함을 감지하는 노먼의 심리적 위축과 두려움을 테이블 밑으로 순하게 기도하는 폴을 훔쳐보는 노먼의 은밀한 엿보기 시선으로 절묘하게 표현해 주고 있다.

그리고 폴은 이미 어른이 되기도 전 어느 순간, 형과 함께 받은 교육인 아버지의 질서와 절제, 엄격한 네 박자에 맞춘 리듬을 초월(파괴)하고 그는 자신만의 리듬을 가지기 시작한다:

그 때 나는 놀라운 일을 보았다. 처음으로 폴이 아버지의 가르침에서 벗어나 자기만의 독창적인 리듬을 타기 시작한 것이다.

I then saw something remarkable. For the first time Paul broke free of our father's instructions into a rhythm all his own.

이러한 폴의 성장은 그 직전 형제가 보트로 폭포를 타는 모험을 한 후에 생기는 변화임을 알 수 있다. 마치 새가 알을 깨뜨리고 나온 듯 자신만의 리듬을 터득한 것이다. 이처럼 비상은 자신의 세계를 부수는 모험이 있어야 한다. 이때 세계란 바로 자기 자신의 한계를 말하는 것이지 사람들이 살고있는 세계가 아니다. 사실 폴 만큼 사람들(세상)을 공정히 수용한 인물은 이 영화에서 없는 듯 하다. 모두들 경원시하는 원주민 여자 메이블, 형이 그렇게 한심하고 못마땅하게 여기는 닐 등 그 누구라도 그는 편견 없이, 자신의 가치관을 강요하는 법 없이 있는 그대로 수용하고 있다.

소설 속에서 노먼은 왜 동생이 어려서부터 그렇게 내기(betting)를 좋아했는지 모른다고 했다:

> 우리가 십대일 때는—어쩌면 일생동안—서너 살 아래인 동생이 종종 아이처럼 보이기 마련이다. 그러나 난 일찍이 그가 낚시의 대가가 될 것을 알 수 있었다. 그는 훌륭한 교육 외에도 타고난 천재성, 행운, 그리고 넘치는 자신감을 가지고 있었다. 십대 아이 적부터 그는 누구하고 낚시를 하든지 그 사람과 (심지어는 형인 나까지도) 대적해서 자기자신에게 내기를 걸기 좋아했다.... 나는 동생보다 3살 어른이었지만 그래도 아직은 돈내기를 할 나이가 아니라고 생각했다. 내 생각에 노박 같은 것은 빌싶보사들 뒤로 새겨 쓴 어른 남자들이나 하는 일 같았다. 그래서 동생이 두어 번 내게 "그냥 더 재미있게 하려고 얼마를 걸자고" 제의했을 때 난 무척 혼란스럽고 당황했다. 세 번째 그가 또 내기를 하자고 했을 때는 아마 내가 화를 냈던가 보다. 그후로 그는 다시는 돈 얘기를 내 앞에서 한 적이 없다. 정말 돈이 꼭 필요한 때조차 그는 내게 단 몇 푼조차도 빌려달라고 하지 않았다.
>
> ...그는 내게 "어린 동생"이었던 적이 없었다. 그는 예술가로서 대가였다.

그는 자기에게 충고를 하거나 도와주거나 하는 형을 필요로 하지 않았다. 그리고 결국 나는 그를 도울 수 없었다. (소설에서 인용)

When you are in your teens—maybe throughout your life—being three years older than your brother often makes you feel he is a boy. However, I knew already that he was going to be a master with a rod. He had those extra things besides fine training—genius, luck, and plenty of self-confidence. Even at this age he liked to bet on himself against anybody who would fish with him, including me, his older brother.... Although I was three years older, I did not yet feel old enough to bet. Betting, I assumed, was for men who wore straw hats on the backs of their heads. So I was confused and embarrassed the first couple of times he asked me if I didn't want "a small bet on the side just to make things interesting." The third time he asked me must have made me angry because he never again spoke to me about money, not even about borrowing a few dollars when he was having real money problems.

He was never "my kid brother." He was a master of an art. He did not want any big brother advice or money or help, and, in the end, I could not help him. (Ch. 1)

폴에게 폭포를 타는 모험은 도박처럼 완벽을 향한 자신에 대한 도전의 한 형태가 아니었을까? 모험이란 '위험 속으로 내 던짐,' 즉 도박이다. 폭포를 타는 모험은 폭포에 대한 도전이 아니라 자신의 한계에 대한 도전이며 모험인 것이다. 릴케의 말대로 우리는 "식물과 동물 이상으로... 모험과 함께 가고 이를 의

욕”하는 존재이기 때문일까? 모험과 함께 감을 “의욕”한다는 것을 릴케는 “자기수행”이라는 의미로 쓰고있다. 폴은 아름다움과 힘을 회복하기 위해 인간이란 끝없이 극복되어져야 하는 존재라고 생각한 것일까? 그것이 부친 맥클레인 목사가 말하는 대로 타락한 인간이 예술의 경지에 이르는 길일까?

폭포를 타고 내려가는 모험의 장면에서도 노먼과 폴의 대조는 뚜렷이 나타난다. 어린 시절과 마찬가지로 16살 소년 노먼은 거칠고 힘센 벌목꾼들과 함께 일을 하면서 겉으로 보기에는 동생보다 더 남자다운 일을 하고 있다. 반면 폴은 수영장에서 안전요원으로 “여자들을 감상하며” 보낸다. 그러나 밤중에 친구들과 함께 모험을 위해 부모 몰래 집을 빠져 나올 때에도 노먼은 홈통을 타고 안전히 내려오고 폴은 지붕에서 뛰어내려 구른다. 폭포를 타고 난 후 친구들이 뒤집힌 배를 보고 놀랄 때 폴은 숨어 있다가 갑자기 물에 뛰어들어 친구 쳐브를 더욱 놀라게 해준다. 그리고 카메라는 “노먼은?” 이라고 묻는 처브의 시선을 따라 강둑에 올라 앉아있는 노먼을 비춰준다. 친구들의 “괜찮아?”라는 질문에 노먼은 여유 있게 “물론”이라고 말하지만 카메라가 어둠 속에서 잡아 낸, 아니 어쩌면 노먼이 어둠 뒤로 감춘 그의 얼굴은 의기양양한 폴과 달리 아직도 겁에 질려 넋이 나간 표정이다.

집으로 돌아오는 형제를 기다리고 있던 부모님께도 노먼은 “경어(Sir)”를 붙이며 내답하고 동생은 “나 내가 생각해 낸 거예요, 아버지”라고 하면서 오히려 형을 두둔한다. 그리고 다음 장면에서 두 형제는 샌드위치에 정어리를 넣는 사소한 일로 처음이자 마지막으로 형제간에 격렬히 주먹을

날리며 싸움을 한다. 동생이 싫다고 하는 데도 무시하고 정어리를 넣어주기 때문에 노먼이 분통을 터뜨리는 것이다-"난 빌어먹을 정어리가 싫다니까! (I don't want any goddamn sardines!)"

그러나 이 싸움은 정어리 때문이 아니다. 자신은 죽을 뻔했던 공포의 경험과 충격에서 아직도 벗어나지 못하고 있는데, 어쩌면 목사의 말대로 죄책감마저 느끼고 있는데, 동생은 의기양양하게 이 사건이 학교신문에 날거라는 등 신바람이 나있다. 게다가 형이 먹는 샌드위치마저 자기 방식대로 정어리를 넣어야 한다고 자신을 리드하듯이 만들어 주고 있는 것이다. 몇 번이나 정어리가 싫다고 했는데도 무시한 채. 사소한 정어리가 발단이지만 그건 정어리가 싫다는 자신의 말을 무시한 폴에 대한 단순한 분노 이전에 지금껏 동생에게 느껴온 열등감과 위축감이 목숨을 건 폭포 타기 모험에서 극대화되었기 때문이다.

어머니의 개입으로 싸움은 끝나고, 그들 사이의 유일한 싸움이었던 그 사건을 회상하면서 나래이터는 아마 그 후에 서로 말을 하지 않았어도 "둘 중 누가 더 강한가 궁금했을 것이다"라고 말하고 있지만 카메라가 보여주는 형제, 노려보는 두 사람 중 코피를 흘리고 선 쪽은 노먼이다.

III. 내가 떠나있는 동안 동생은 예술가가 되어있었다.

폭포 타기가 폴에게는 성인으로 가는 입문식이었을까, 다음 장면에서 노먼은 폴이 아버지의 가르침에서 벗어나 자기만의 리듬을 타고 낚시를 하는 것을 목격한다. 한편 노먼도 아버지의 엄격한 가르침과 규범에서 벗어나 3000마일 떨어진 동부 다트머스 대학으로 떠나게 된다. 두 형제의 어린 시절은 이렇게 아버지의 가르침과 네박자 규칙의 울타리를 벗어나는 사건과 함께 끝나게 된다.

그리고 노먼이 6년 후 청년이 되어 대학에서 돌아올 때 폴은 여전히 몬타나 주를 떠나지 않은 채 헬레나에서 신문기자로 일하고 있다. 그러나 다트머스도 노먼을 변화시킨 것 같지는 않다. 제시에게 뉴욕 그리니치 빌리지에서 본 닐 임스드롱과 재즈 이야기를 하면서 현학적인 냄새를 풍기는 거라든가, 제시의 오빠 닐의 괴팍스럽고 허세로 가득 찬 속물근성을 미워하고 경멸하는 것 등은 겉으로는 자유와 진보를 갈구하는 듯하지만 여전히 보수적이다. 그가 부친과 함께 워즈워드의 송시(Ode)를 한 구절씩 낭송하는 "이중주"는 노먼이 비록 목사직을 이어받지는 않아도 부친의 아폴론형 예술적 기질과 가치관을 전수하고 있음을 알 수 있다.

　노먼은 또한 동생에게 지고 싶지 않은 자존심과 경쟁심에서도 여전함을 알수 있다. 이것은 신문사에 찾아간 노먼에게 폴이 축하주를 권하자 처음엔 거절하다가 동부가 형을 유약하게 만들었다는 말에 (모자로 남이 보지 못하게 가리고는) 술을 먹는 장면이나, 특히 둘이서 빅 블랙풋 강에서 낚시를 할 때 잘 드러난다. 동생 폴은 형에게 좋은 자리를 양보해주고 캐스팅에 자꾸 실패하는 형에게 그 동안 솜씨가 약간 녹이 슨 것뿐이라면서 이런 저런 조언을 해준다. 이때 카메라가 바라본 노먼의 얼굴은 심기가 불편하다. 나중에는 폴을 쳐다 보지조차 않는다. 어느 새 훌쩍 커버려 남자가 되어버린 동생, 예전에도 어렴풋이 느꼈지만 그 앞에서 어딘가 모르게 압도당하는 게 불편하기만 하다.

　폴은 이런 형의 맘을 읽고는 슬그머니 노먼이 보이지 않는 곳으로 자리를 옮겨간다. 동생이 사라지자 노먼은 그제야 맘놓고 캐스팅을 시도해보고 마침내옛 실력이 발휘가 되어서 큰 고기를 낚는다. 좀 전 굳어졌던 표정과 달리 성공앞에 환하게 웃는 노먼의 의기양양한 모습이 왠지 초라해 보이는 것은 무엇때문일까? 타인 앞에 나의 약점과 실패를 견디지 못하는 사람, '자유인'이 되지 못한 노먼의 모습을 보았기 때문인지 모른다.

만족스런 표정으로 동생을 찾아가던 노먼은 멀리서 폴이 "셰도우캐스팅"을 하는 모습을 보게 된다. 그리고 그가 떠나있는 동안 폴이 "예술가"가 되어있는 것을 깨닫는다. (I realized that in the time I was away my brother had become an artist.)

IV. 제시: "그 기억은 당신의 체온으로 인해 더욱 강렬히 살아나고 있습니다."

그러나 사실 노먼도 나름대로 또 다른 "예술가"가 되어있다. 제시와 노먼의 첫 데이트에 폴과 메이블이 동행한다. 이 때 노먼은 폴의 친구인 원주민 여인 (인디안) 메이블을 모나시타라고 소개한다. 소설을 보면 모나시타라는 이름은 노먼이 붙여준 것으로 보인다:

> 나는 그녀를 '모-나-시-타'라고 불렀다. 체옌느 추장, '작은 바위'의 아름다운 딸의 이름이었다. 처음에 그녀는 '봄에 싹트는 어린 풀'이란 뜻의 그 이름에 별 관심을 보이지 않았다. 그러나 내가 모나시타가 죠지 암스트롱 커스터 장군의 사생아를 낳게 된나고 실멍하자 마치 오리가 물을 만난 듯 자연스레 그 이름을 좋아하기 시작했다. (소설에서 인용)

I called her Mo-nah-se-tah, the name of the beautiful daughter of the Cheyenne chief, Little Rock. At first, she didn't particularly care for the name, which means, "the young grass that shoots in the spring," but after I explained to her that

Mo-nah-se-tah was supposed to have had an illegitimate son by General George Armstrong Custer she took to the name like a duck to water.

노먼은 또한 건배를 하면서 "내 촛불은…"이라는 모험적이고 희생적인 삶의 아름다움을 추구하는 시를 낭송한다.

> My candle burns at both its ends;
> It will not last the night;
> But ah, my foes, and oh, my friends,
> It gives a lovely light!

> 내 초는 양쪽에서 타고 있습니다;
> 밤이 가기 전 다 타버리겠지만;
> 아 내 적들과, 오 내 친구들이여,
> 내 초는 아름다운 빛을 냅니다!

폴이 낚시에서 예술가의 경지에 이르고 있다면 노먼은 문학에서 예술가가 되어가고 있다. 노먼이 제시에게 보낸 편지를 보면 노먼의 제시에게 대한 사랑의 감정은 에덴동산 같은 태초의 자연, 어린 시절 첫 대면한 몬타나의 때묻지 않은 자연의 품에서 느낀 원초적인 감정과 연결되어있다.

…내 마음은 노래로 가득 차있습니다. 어느새 나는 부드럽게 콧노래를 부르고 있습니다. 음악에 맞춰서가 아니라 다른 것, 다른 장소, 기억에 떠오르는 장소, 사슴 외에는 아무도 밟아 본적이 없는 초원에 맞춰서 말입니다. 그리고 그 기억은 서툴렀던 내 팔에 안겨 춤추던 당신의 체온으로 인해 더욱 강렬히 살아나고 있습니다.

...my mind is filled with song. I find I am humming softly,
not to the music, but something else, someplace else, a place
remembered, a field of grass where no one seemed to have been
except the deer. And the memory is strengthened by the feeling
of you dancing in my awkward arms.

소설에서는 그녀를 품에 안고 있을 때 마치 자기를 이 세상에서 떼어내어 데
려가는 느낌이었다고 기술하고 있다:

나를 이 지상에서 떼어 이탈시키려는 그 누군가를 품에 안고 있을 때 그
리고 내가 그녀를 따라갈 자격이 없는 것 같은 느낌을 받을 때 녈마나 기분
이 묘하고도 놀랍고 또 어리둥절한지 모른다.

It is a strange and wonderful and embarrassing feeling to
hold someone in your arms who is trying to detach you from
the earth and you aren't good enough to follow her.

제시는 노먼에게 순수한 어린 시절과 때묻지 않은 "자연 (본성:nature)"—
사슴 외에는 밟아본 적이 없는 "그 곳"을 영혼 속에 회복시켜주고 이 세상에 뿌
리내려 세속화되는 것을 막아주는 여성적인 힘, 또 다른 "몬타나"이다. 노먼은
몬타나만큼 하나님의 질서를 배우기 좋은 곳은 없다고 회상하고 있다:

> 그곳(몬타나)은 아직도 이슬을 머금고 있는 세계이며 내가 지금까지 본
> 어떤 곳보다 경이로움과 가능성으로 가득 찬 곳이었다.
>
> It was a world with dew still on it more touched by wonder
> and possibility than any I have since known.

이것은 제시를 만나기 전 6년만에 고향 몬타나에 돌아와 옛친구들과 재회했
을 때, 세상에는 못된 사람들로 가득 찼다고 하는 노먼에게 "몬타나에서 멀어
질수록" 못된 사람의 수가 늘어난다고 말하는 장면을 연상시킨다. 그리고 노먼
이 정말 고향의 품에 안긴 것을 실감하는 때는 부친의 교회에서 설교를 들을
때이다. 부친은 그 때 노먼이 제시에게 보낸 것과 같은 기억, 어린 시절의 순수
함에 대한 기억에 대해 설교한다:

...마음속 깊은 곳의 느낌이 살아나 기억을 되살리면 우리는 이렇게 노래
한 시인이 생각납니다. "과거로, 과거로 시간이여 거슬러 날아가 다오. 다시
어린 시절로 돌이켜다오, 오늘밤 한 번 만이라도."

...and in the glow of awakened memories when the deepest
feelings of the heart are ll astir, we are reminded of the poet
who sings "Backward, turn backward, Time, in your flight,
make me a child again, just for tonight."

후에 노먼과 맥클레인 목사가 함께 낭송하는 워즈워드의 송시, 『영혼불멸송:
어렸을 때를 추억하여』(*Ode on Intimations of Immortality: From
Recollections of Early Childhood*)도 어렸을 때는 순수한 영혼을 지닌 인간이
어른이 되면서 신과 자연으로부터 멀어져 간다는 인간관을 암시하고 있다. 워
즈워드는 우리가 세계의 경이로움을 바라보지 못하는 것은 우리의 눈이 "낯익
음과 이기적인 근심걱정의 막(film of familiarity and selfish solicitude)"
으로 가려져 있기 때문이라고 했다. 자연과 인생의 경이로움을 볼 수 있는 순
수한 눈의 회복은 문학이라는 예술이 담당하는 몫이다. 폴이 인간이 하나님에
게서 지음 받은 아름다운 인격을 회복하기 위해 자연과의 합일을 이루는 제의
적인 행위인 낚시에서 예술가의 경지에 이르듯이 노먼은 문학을 통해 예술가의
경지에 다가가고 있는 것이다. 이것은 부친이 아들들에게 가르치려던 구원의
의미이기도 하다.

니체는 『비극의 탄생』에서 그리스 비극 속에 결합된 두 가지 예술적 충동을
구별하여 도취로 특징지을 수 있는 음악의 충동을 디오니소스적이라 칭하고 조
형미술과 서사시의 충동을 아폴론적이라 했다. 아폴론형의 예술은 몽상적, 정

관적이며, 단정, 엄격, 질서, 조화를 추구한다. 디오니소스형 예술은 도취적, 격정적이며 역동, 열정, 파괴를 지향한다. 또 이 두 종류의 힘은 예술의 영역을 넘어서 세계의 원리이기도 한데 아폴론적 원리가 세계에 형식과 질서를 부여하는 것이라면 디오니소스적 원리는 형식이나 질서에 구애를 받지 않는 삶을 뜻한다. 이 영화에서 노먼과 폴, 두 형제는 앞에서 말 한데로 그 두 가지 힘을 대표하는 인물로 보인다.

제시에게도 폴과 같은 기질이 있다. 그래서일까, 제시는 노먼보다 오히려 폴에게 매력을 느낀다. 메이블이 낚시 미끼를 판다고 하자 표정이 잠시 굳어지는 노먼과 달리 그녀는 메이블의 길고 검은 머리를 칭찬해준다. 그녀는 메이블과 함께 주위의 비난 어린 시선을 아랑곳하지 않고 보란 듯이 열정적으로 춤을 추는 폴을 감탄하며 바라본다. 폴의 격정적인 춤은 마치 두꺼운 위선의 갑옷을 두르고 그 속에 편견과 우월감을 교묘히 숨기고 있는 세상의 불의한 이성과 거짓 도덕, 지성주의에 반항하는 고독한 투쟁으로 보인다. 인종차별, 아나콘다 광산의 비리, 신문이 세상과 타협하는 현실, 인간들이 멋대로 규정짓고 울타리 치고 파괴한 자연의 법, 흐르는 강물의 섭리를 역행하는 행위, 이런 것들에 맞서 폴은 보란 듯이 디오니소스적인 몸짓으로 외치고 있는 것이다. 그러므로 폴의 이런 거친 행동과 절제된 낚시예술 사이에는 아무런 모순이 없는 것이다.

그러나 노먼은 그런 폴을 이해하지 못한다. 폴이 만취해서 싸움을 하고 메이블과 경찰서에 있을 때 노먼은 폴이 도박을 하는 것을 알고 도와주려 하지만 폴은 도움을 원치 않는다. 다음날 야유회에서 폴이 나타나는 것을 보고 미리 자리를 피하는 노먼, 그러면서도 멀리서 폴의 행동을 지켜보는 노먼의 싸늘하고 무표정한 시선은 그가 동생을 이해하지도, 용납하지도 않고 있음을 보여준다. 어젯밤 경찰서의 사건은 없었던 일인 듯, 아무것도 아닌 듯, 일상으로 돌아와 모든 이들에게 상냥하고 친절하며 분위기를 밝게 해주는 폴, 자기에게 밝게 웃으며 손을 흔드는 모습, 어머니를 번쩍 안아 빙글빙글 돌 때 어머니의 행복한 비명소리, 그리고 어느새 아버지에게 다가가 말굽던지기 게임을 함께 하는 상냥한 폴의 모습은 노먼에게 당혹스런 이중적 성격으로 느껴지는지 모른다.

그렇기 때문에 그는 폴과 달리 제시의 오빠 닐도 용납할 수 없다. 그리고 그래서 그는 폴처럼 "아름다운" 낚시꾼의 경지에 이르지 못하는 지 모른다. 고기와 같이 생각할 수 없으니까.
선함과 추함과 모든 것을 함께 수용하고 있는 모순과 조화의 공동체인 자연을 읽을 수 없으니까.

V. 닐: "낚시를 모르는 사람이 낚시를 하는 것은 고기를 모독하는 행위이다."

영화에는 폴의 건너편에 또 다른 '가족이 이해하기 힘든', 그리고 '도와 주려하지만 도움을 받지 않는' 인물로 닐이 등장한다. 닐은 "낚시"라는 예술을 훈련받지 못한, 하나님의 리듬을 익히지 못한, 그 훈련의 과정을 겪지 못한 "폴"로 등장한다. 닐의 거친 성격과 어디로 튈지 모르는 탁구공 같은 불안정한 성격은 세상에 뿌리내리지 못하고 있다는 점에서는 일견 폴과 같은 지 모르지만 아무도 그에게서 디오니소스적인 예술혼을 발견할 수 없다. 파도타기에 대한 자랑과 사냥 모험담은 폴이 폭포를 탄 후에 의기양양하던 모습과는 전혀 다른 속물적 허세에 지나지 않는다. 그런데 제시의 가족은 그런 닐을 있는 그대로 받아주고 사랑해준다. 그녀도 맥클레인 목사처럼 "왜 가장 도움이 필요한 사람이 그걸 받지 않으려는 걸까요?(Why is it that people who need the most help won't take it?)"라며 오빠를 염려하는 것이다.

낚시를 데리고 가서 노먼과 폴의 닐에 대한 태도는 그들의 성격만큼 차이를

보인다. 노먼은 닐을 무시한 채 버려 두고, 폴은 우리가 그를 도와주어야 하는
게 아니냐고 한다.

노 먼 : 그 망나니를 어떻게 도와?
폴 　　 : 낚시하러 데리고 가는 거로.
노 먼 : 닐은 낚시를 좋아하지 않아. 몬타나도, 그리고 난 더더욱 좋아하지 않아.
폴 　　 : 아마 누군가가 자기를 도와주는 것은 좋아 할거야.

Norman : How do you help that son of a bitch?
Paul 　　 : By taking him fishing.
Norman : He doesn't like fishing, doesn't like Montana. Sure as
　　　　　hell doesn't like me.
Paul 　　 : Well, maybe what he likes is somebody trying to help
　　　　　him.

폴은 실패자이며 낙오자인 닐도 수용하고 도와주려는 마음을 가졌다. 마치
강물처럼, 자연처럼, 소외된 계층의 메이블과 아나콘다 광산의 광부들을 그 품
에 품는 것과 같다. 노먼과 달리 폴이 거부하는 사람들은 연약한 사람들, 불완
전한 자들이 아니라 힘이 있으되 "grace(은총/자비/아름다움)"가 없는 자들,
즉 비인간적인 힘(권력, 지력, 기득권, 우월감)을 행사하는 사람들인 것이다.
이것은 바로 부친이의 말을 빌면 "낚시하는 법을 모르면서 고기를 잡는" 힘을
행사해서 고기를 모독하는 사람들이다:

누구라도 낚시를 할 줄 모르는 사람이 낚시를 하는 것은 고기를 모독하는
행위이며 그것은 결코 용납될 수 없는 행위다.

Nobody who did not know how to catch a fish would be
allowed to disgrace a fish by catching it.

닐을 보살펴주지 않고 버려 둔 노먼의 태도에 대한 불쾌감의 표시로 제시는 자동차를 기차 길로 모는 모험으로 노먼을 비웃는다. 그 때에도 카메라에 잡힌 노먼의 겁에 질린 표정은 제시의 저돌적이고 당돌하고 냉소적인 표정과 대조를 이룬다.

집에 돌아와 식사를 하면서 노먼은 "형은 재미없대요(He's not funny)"라고 제시의 말을 옮겨주는 동생 앞에서 다시 한번 실패감을 맛본다.

폴이 대통령과 인터뷰를 했다고 부모님이 자랑스러워하자 돌연 노먼은 폴이 길에서 자동차로 친 동물을 먹는다(He usually eats what he hits on the road)고 비아냥거린다. 폴이 닐이 데리고 온 행실 바르지 못한 여자(로하이드)도 알고 있었고, 롤로에도 가고, 메이블과도 친구이고 아무하고나 잘 어울리기 때문에 닐같은 한심한 인간을 받아들이는 거라고 비꼬는 것이다. 폴에 대한 이런 공격과 비난은 그가 느낀 실패감에 대한 보상심리인 것 같다. 폴도 "이번엔 형도 꽤 재미있군"이라며 잠시 날카로워지지만 이내 자제하고 밖으로 나간다. 이런 폴을 식구들은 모두 이해하지 못하고 염려하지만, 그리고 그들의 뜻대로 자라주고 있는 노먼을 자랑스러워 하지만, 노먼은 맘이 괴로워 두 손으로 얼굴을 감싼다. 사실 그는 진심으로 동생을 아끼고 사랑하고 있기 때문이다.

이 영화는 이렇게 예술의 영역, 그리고 더 나아가 세계를 이루는 원리인 아폴론-디오니소스적인 정신의 대립과 공존 외에도 두 형제간의 사랑과 미움의 이중적 갈등의 신화를 주제로 하고 있다. 이것은 인류 최초의 형제인 카인과 아벨의 갈등에서부터 탕자의 비유 등으로 드러난 인간의 숙명 같은 갈등인지 모른다.

VI. 마지막 함께 한 낚시:
"폴은 이 지상에서 초월해 있었다— 예술작품처럼"

시카고 대학에서 강의 자리를 얻은 노먼은 제시에게 청혼했다고 말하면서 같이 시카고로 가자고 폴에게 말한다. 노먼은 폴에게 2천 마일이나 떨어진 대도시 시카고로 가면 그 곳에는 신문사가 수없이 많고 맘껏 뜻을 펼칠 수 있다고 설득한다. 그러나 폴은 한마디로 거절한다. "형, 난 절대 몬타나를 떠나지 않을 거야"라고 하면서. 그 때 웃고만 있는 폴의 표정은 왜 그리 쓸쓸한 것일까? 왜 폴은 그 모든 열정과 자유분방함에도 불구하고 이 작은 시골마을인 고향을 떠나지 않고 평생을 사는 것일까? 그의 열정과 관심은 세상이 감당할 수 없는 곳에 있기 때문이 아니었을까? 성공하고, 안정된 자리를 얻고, 질서정연하게 사는 세상의 가치는 그를 묶어 놓을 수 없다. 거대한 자연과 하나되는 것, 영원히 그곳에 있지만, 영원히 같은 모습이 아닌 흐름

으로(*la durée*)으로 존재하는 자연, 가변적이며 순간적이면서도 동시에 영원한 모순의 공존체인 자연에 끝없이 다가가는 것, 이것이 폴이 이룩하고자 하는 삶이며 아름다움을 갖춘 힘이며 부친이 구원이라고 명명한 예술의 경지에 이르는 것이기 때문이다.

그리고 인생이 비극인 것은 어쩌면 인생은 예술이 아니며 그 예술의 경지에 다다른 순간, 완벽을 이룬 순간은 영원히 지속될 수 없기 때문인지 모른다. 어머니는 낚시를 가는 남편과 아들들에게 늘 사진을 찍어오라고 부탁하는데 이것은 그렇게 사라지고 마는 순간을 영원히 붙잡아 두려는 무의식적 바램이었을까? 동생 폴과 부친과 함께 한 마지막 낚시에서 목사와 노먼은 폴이 완벽의 경지에 이른 것을 목격한다:

> 나는 그 순간 내가 완벽함을 목격하고 있다는 것을 분명하고도 확실히 알 수 있었다⋯⋯ 동생은 우리 앞에 빅 블랙풋 강 둑 위에 서 있는 게 아니라 이 지상의 모든 법칙에서 자유로와 져서 공중에 초월해 서 있는 것 같았다— 마치 예술품처럼.

> At that moment, I knew surely and clearly that I was witnessing perfection.... My brother stood before us not on a bank of the Big Blackfoot River, but suspended above the earth free from all its laws like a work of art.

그리고 그 순간은 영원히 계속될 수 없기에 폴은 그렇게 그들의 곁을 떠나갔다. 아무도 폴을 완전히 이해할 수 없는 채.

양쪽에서 타 들어가는 촛불처럼 아름다운 빛을 내기에 빨리 꺼져버린 폴의 삶—그의 죽음은 자신들의 안일한 일상의 둑을 허물고 범람해 들어오는 홍수

에게, 순풍대신 때론 바다를 뒤섞어 놓는 폭풍우와 파도에게 세상이 가한 응징이다.

폴의 죽음은 모두에게 엄청난 상실감을 가져다준다. 그러나 동시에 우리모두 가슴 한 구석에서 인정하지 않을 수 없는 사실은 노먼의 고백과 같은 고백을 우리도 하고 있다는 것이다:

> 그리고 나는 그만큼 분명하고 그만큼 확실히 인생은 예술품도 아니고, 그 [완벽한 경지의] 순간은 영원히 계속될 수 없다는 사실도 알고 있다. (강위로 붉게 퍼지는 일몰) 그래서 경찰이... 어느 날 아침 나를 깨웠을 때 난 아무 밀 없이 그를 따라갔다.

> And I know just as surely and just as clearly that life is not a work of art and that the moment could not last. (*scene of sunset on the river*) And so, when the police sergeant awakened me one morning.... I rose and asked no questions.

　폴이 예술의 경지에 이른 가장 행복한 순간이 사진 셔터소리와 함께 클로즈업으로 화면에 비치고 그것이 관객의 마음에 찍힌 마지막 폴의 모습이다. 이어지는 일몰의 광경이 사라져갈 완벽의 순간을 예견시켜 주었기 때문일까, 관객들도 노먼처럼 마치 예견이라도 했듯이 폴의 죽음 앞에 "왜?" 라는 질문을 던지지 않는다. 관객들도 폴의 완성을 바라본 순간 그의 존재의 위험성을 직관적으로 감지한 것일까? 자신의 고귀한 영혼으로부터 소외된 인간들은 자연과도 조화하지 못하고 자연을 파괴함으로 대적하듯이 세상의 안일한 이기심과 가치관에 도전하는 힘들을 세상은 용납하지 않는다는 것을 알고 있기 때문인지 모른다.

　세상은 홍수나 파도의 의미를, 자연의 거대한 의미를 읽을 수 없듯이, 태초부터 우주의 근원 밑에 존재하는 신의 말씀을 들을 수 없듯이, 사랑하는 가장 가까운 사람조차 이해할 능력이 없음을 알게된다.

그러나 부친은 노먼에게 계속 폴의 비참한 죽음에 대해 묻고 또 묻는다. 사람들이 어떤 고통스런 상황 앞에 답이 없어도 질문을 계속하는 이유는 납득할 수도 용납할 수 없는 생의 수수께끼에 다가가려는 반복적인 시도이다.

이것은 이 영화에서 낚시라는 제의행위가 상징하는 것이기도 하다. 한번도 똑같은 물결인 적이 없는 "흐름"앞에 나약한 작은 인간으로 서서 한결같은 인내와 희망과 겸손함과 훈련된 절제력으로 그리고 더 나아가서는 예술가적 직관으로 예측불허인 고기와의 해후를 기다리듯이 우리는 흐르는 인생가운데서 그 의미와 수수께끼의 답과 만나기를 기다리는지 모른다.

그 기다림과 끝없는 시도를 통한 자기훈련은 고기를 낚는 행위자체(해답)보다 더욱 중요한 낚시제의의 의미이다. 고기를 낚지 못할지라도 낚시라는 제의를 계속하는 동안 거대한 강의 흐름과 하나되기 때문이다. 인간의 지성이 이해할 수 있는 답을 낚아 올릴 수 없더라도 우리가 인간, 우주, 신의 섭리에 대한 궁극적인 질문의 낚싯줄을 계속 캐스팅해야 하는 이유는 결국 내가 그 거대한 수수께끼(우주)와 하나되는 깨달음을 얻게 되기 때문이다.

왜냐하면 참된 깨달음, 참된 앎(knowledge)이란 버트란드 러셀의 용어를 빌리면 "자아(철학적 사고의 주체)와 비자아(사고의 대상)의 결합(union of Self and not-Self)"이기 때문에 사고의 대상이 광대하면 할수록, 즉 그 질문들이 철학적이고 종교적일 때, 결국은 인간이 우주와 하나되는 자아의 확대(an enlargement of the Self)를 이루기 때문이다. 낚시라는 의식(ritual)을 통해 이루려는 자연과의 합일은 곧 예술과 철학이 추구하는 궁극적 가치인 이 자아의 확대라는 라는 "최고선(highest good)"이며 종교적으로는 인간이 상실한 신의 형상(인격)의 회복—구원이라 할 수 있다.

VII. 존재의 근원을 흐르는 강물, 사랑: "강은 내 안에서 흐른다."

세상은 홍수나 파도의 의미를, 자연의 거대한 의미를 읽을 수 없다. 태초부터 우주의 근원 밑에 존재하는 신의 말씀을 들을 수도 없다. 그리고 사랑하는 가장 가까운 사람조차 이해할 능력이 없다.

그러나 이해할 수 없어도 우리가 자연을 사랑하듯이 노먼은 이해할 수 없어도 자신이 여전히 가족을 특히 폴을 사랑하고 있음을 알게된다. 부친의 마지막 설교의 의미가 회상 속에서 새롭게 깨달아지는 것이다:

우리는 함께 살고있는 가족들, 가장 잘 이해해 주어야 하는 그들을 이해하지 못하는 채 그렇게 살고 있습니다. 그래도 여전히 우리는 그들을 사랑할 수 있습니다. 온전히 이해하지 못해도 우리는 온전히 사랑할 수 있습니다.

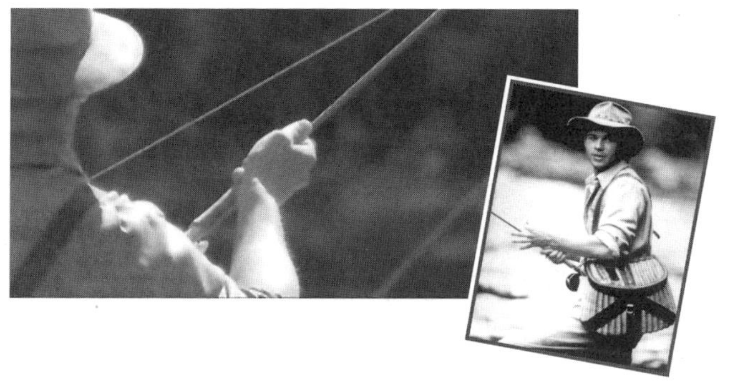

And so it is those we live with and should know, who elude us but we can still love them. We can love completely without complete understanding.

어린 노먼과 폴 형제의 모습들을 플래시백(flashback)으로 보여준 후, 영화는 이제 다시 첫 장면으로 돌아와 낚시를 시작하던 노인 노먼을 클로즈업해준다. 젊었을 때 이해하지는 못했으나 그래도 여전히 사랑했던 고인이 된 사람들을 생각하면서 그는 자신이 아직도 그들과 교감하고 있음을 고백한다. 그 교감의 행위로 그는 낚싯줄을 꿰고 그리고는 고백한다: 물론 자신은 "이제 훌륭한 낚시꾼이 되기에는 너무 늙었다고"(now I'm too old to be much of a fisherman). 그러나 모험과 도전이 더 이상 그의 몫이 아닐지라도 이제 그는 지혜로와져있다. 이제 자신과 강물이 일체가 하나로 녹 아드는 의미를 체험하는 것이다. 이제 그는 대지의 근원에 흐르는 강물과 일체로 녹아들고, 몇 억 년 전부터 존재한 바위를 읽으며, 그 속에 숨어있는 하나님의 언어를 듣는 지혜가 생긴 것이다:

맥클레인 목사 : 아주 옛날 오 억 년 전에 비가 진흙에 내려 바위가 되었다.
　　　　　　　 그러나 그 보다 더 이전에 바위 밑에 주님의 말씀이 계셨지
　　　　　　　 들어봐라.
노　 먼　　　 : (나래이션) 나와 동생 폴이 평생 주의 깊게 귀 기울였다면
　　　　　　　 아마 우리는 그 말씀을 들었을 것이다.

Rev. Maclean: Long ago, rain fell on mud and became rock half
　　　　　　　 a billion years ago. But even before that,
　　　　　　　 beneath the rocks are the Words of God. Listen.
Norman　　　 : (voice over) And if Paul and I listened very
　　　　　　　 carefully all our lives, we might hear those Words.

그리고 강가에 홀로 선 외로운 낚시꾼, 노먼이 들은 태초부터 있던 그 말

(Logos), 노먼의 속에서 떠나지 않고 흐르고 있는 강(I am haunted by waters)은 곧 모든 존재, 생명의 근원인 "사랑"이 아니었을까?

　태초에 말씀이 계시니라. 그 말씀은 하나님과 함께 계셨으니 이 말씀은 곧 하나님이시니라. ...하나님은 사랑이라. 만일 우리가 서로 사랑하면 하나님이 우리 안에 거하시고 그의 사랑이 우리 안에 온전히 이루느니라. (요한복음, 요한 일서)

2002년 5월 15일 초판인쇄
2004년 9월 13일 2쇄발행

번역·해설 / 이봉희
펴낸이 / 조치영
기 획 / 한주리
마케팅 / 강승묵
편 집 / 윤정미
인 쇄 / 삼성인쇄주식회사
펴낸곳 / 스크린영어사

서울특별시 관악구 신림 9동 1514번지
TEL / (02)887 8416
FAX / (02)887-8591
http://www.screenplay.co.kr

등록일자 / 1997년 7월 9일
등록번호 / 제16-1495

책값 15,000원
ISBN 89-87915-25-5

* 낙장 파본은 교환해 드립니다.